KB195525

지구화

첫 단추 시리즈

지구화

맨프레드 B. 스테거 지음

이우진 · 조성환 · 허남진 옮김

교유서가

한국어판 서문

　한국 독자 여러분께 제 책 『지구화』를 소개하게 되어 큰 기쁨과 깊은 감사의 말씀을 전합니다. 이 책은 영어권을 넘어 전 세계에서 높은 평가를 받아 20개 이상의 언어로 번역되었습니다. 이 한국어판은 2020년에 출간된 제5판 영문판을 기반으로 번역되었습니다.

　2020년 제5판 출간 이후 우리는 전 지구적인 도전에 직면하고 있습니다. 팬데믹, 치솟는 인플레이션, 사회적 불평등, 기후변화, 사이버 공격, 대규모 이주, 무역전쟁, 고용 불안정, 국가주의 부활 등 다양한 전 지구적 문제가 더욱 심각해지고 있습니다. 이러한 상황을 고려할 때 현시대를 '대불안의 시대'로 표현하는 것이 적절하다고 생각됩니다. 이 표현은 전 지구적 차원의 변동, 불안, 혼란이 격화되는 양상을 간략하게 나타낸 것입니다. 특히 최근의 두 사건은 인류사에서 손꼽을 정도로 혼란한 이 시대를 더욱 불안하게 하고 있습니다.

첫째, 2020년에 시작된 코로나19 팬데믹입니다. 코로나19가 전 세계를 휩쓸면서 사람들의 일상을 송두리째 뒤흔들었습니다. 공식 발표에 따르면 2024년 초까지 7억 7500만 명이 여러 변종에 감염되어 700만 명 이상이 사망한 것으로 집계되었습니다. 하지만 실제 피해 규모는 그 이상일 것으로 예상됩니다. 다행히 효과적인 백신이 빠르게 개발, 보급되어 2023년 말까지 130억 회 이상 예방접종이 이루어졌습니다. 지구화 연구자들에게 이 전례없는 보건 위기는 대단히 난해한 연구 주제였습니다. 왜냐하면 바이러스 확산 및 봉쇄와 관련된 복잡한 사항을 이해하려면 학제적인 접근이 필요했기 때문입니다.

둘째, 최근 격화되고 있는 강대국 간의 경쟁입니다. 중국·러시아·인도는 다양한 측면에서 미국의 전 지구적 리더십에 도전하고 있습니다. 2014년 러시아의 크림반도 병합, 중국의 남중국해에 대한 전진적 자세, 홍콩에 대한 정치적 탄압, 한반도에서의 계속되는 긴장은 새로운 지정학적 대립의 시대를 상징합니다. 이는 2022년 러시아의 우크라이나 침공으로 정점에 이르렀습니다. 이 중대한 침략 행위에 대해 미국이 주도하는 광범위한 국가연합은 러시아에 전례없는 경제제재를 부과했습니다. 이에 푸틴 대통령은 보복을 선언하며 전쟁을 더욱 고조시켰습니다. 2023년 10월 이스라엘-하마스 전쟁 발발은 전 세계의 강대국 간 경쟁에 기름을 부었습니다. 이로 인해 냉전 종식 이후 처음으로 전 세계적 핵전쟁의 발발 가능성이 농후해졌습니다.

이 책에서 논의하는 전 지구적 문제들과 그에 따른 사회 대변화는 지구화가 실제로 위기에 처해 있음을 시사하고 있습니다. 코로나19의 전 지구적 충격은 이 불안정한 시대를 보여주는 특히 중요한 지표가 되고 있습니다. 전 지구적 상호연결성과 이동성이 팬데믹으로 인해 다양한 제약에 직면했기 때문입니다. 예를 들어, 반복되는 국가 봉쇄, 엄격한 여행 제한, 장기간의 여행자 격리, 엄격한 사회적 거리 규칙, 재택근무로의 이행과 같은 상황입니다. 그러나 코로나19의 급속한 전 지구적 확산과 이후 너무나도 신속한 백신 개발에 대한 전 지구적 노력은 오히려 지구화가 가속화되고 강화되었음을 보여줍니다. 언뜻 모순되는 세계적인 상호연결성의 단절과 (재)구축이라는 동태는 전문가들에게 지구화의 장래에 대한 다음과 같은 중요한 질문을 던지게 했습니다. "우리는 '탈지구화(deglobalization)'의 소용돌이로 빨려들어가고 있는 것인가? 아니면 새로운 '재지구화(reglobalization)'의 단계로 이행하고 있는 것인가?"

이 질문에 대한 답을 찾기 위해서는 방대한 양의 데이터를 해석하는 작업이 필수적입니다. 이로 인해 지구화 전문가들은 두 개의 대립하는 진영으로 나뉘고 있습니다. 비관론자들은 지구화의 구성 요소가 감소하고 있다며 **지구화의 후퇴**를 주장합니다. 그들은 무역, 해외직접투자(FDI), 낙후된 전 지구적 거버넌스(governance) 구조와 같은 경제적·정치적 영역에 중점을 두고 있습니다. 반면 낙관론자들은 디지털 흐름이나 문화적 융합과 같은 기술적·문화적 영역의 강화를 근거로 현 상황을 **지구화의 진전**으로 해석합니다. 모순되게도 이들의 충돌하는 관점은 현재의 불안정한 상황과는 전혀 어울리지 않는 완벽한 자신감과 확신을 바탕으로 제시된 것입니다. 양측은 각자의 입장을 뒷받침하기 위해 경험적 증거를 제시합니다. 하지만 이 교착상태를 타파하기 위해서는 양적 측정을 넘어서, 현재와 미래의 지구화 경향을 보다 질적으로 재평가해야 할 필요가 있습니다.

저는 현재 우리의 상황을 이 책의 제1장에서 논의하고 있는 **지구화의 네 가지 주요 형식**(실체화된 지구화, 비실체화된 지구화, 물질확장적 지구화, 조직확장적 지구화) 사이의 괴리와 단절로 인해 전 지구적 역동성이 대폭 재편성되는 것으로 판단합니다. 이러한 엇박자는 오래전부터 존재했지만 현재는 코로나19의 여파로 더욱 가속화되고 있는 것으로 분석됩니다.

　현재의 지구화 시스템을 불안정하게 만드는 가장 중대한 괴리는 점점 증가하는 디지털화로 인한 비실체화된 지구화와 다른 세 가지 지구화 형식 사이에서 발생하고 있습니다. 간략히 말하면 확장성, 강도, 속도 및 영향의 측면에서 비실체화된 지구화는 계속 발전하고 있지만, 이에 비해 나머지 세 가지 지구화 형식은 뒤처지고 있습니다. 사람, 물질, 조직의 이동성이 디지털 네트워크 확대와 디지털 상호연결 강화를 따라가지 못하는 가운데, 비실체화된 지구화 양상의 증가로 인해 인접 영역들이 부분적으로 손상되고 있습니다. 예를 들어, 3D 프린팅 기술은 응용은 전 지구적 '가치사슬(value chains)'[1]에 기반한 전 지구적 상품무역(물질확장적 지구화의 한 측면)을, 최종시장에 근접한 디지털 수요생산 기반의 지역화·지방화된 네트워크로 변화시키고 있습니다. 이처럼 비실체화된 지구화가 새로이 부상함에 따라 많은 기업이 '리쇼어링(reshoring)'[2]을 매력적인 선택 사항으로 채택하면서 '아웃소싱(outsourcing)'[3]이나 '오프쇼링(offshoring)'[4]과 같은 익숙한 신자유주의적 관행(물질확장적 지구화의 특징)을 불안정하게 만들고 역전시키고 있는 것입니다.

　그러나 이처럼 터보엔진을 탑재한 비실체화된 지구화가 다른 세 가지 지구화 형식을 압도하며 흡수하는 경향을 '탈지구화'로 규정하는 것은 타당하지 않습니다. 오히려 저는 우리가 '재지구화'의 과정을 목격하고 있다고 이야기하고자 합니다. 다시 말해서 지구화의 네 가지 주요 형식이 다른 속도와 다른 강도로 완전히 재편되는 중이라는 것입니다. 분명 실체화된 지구화와 물질 확장적 지구화가 여전히 중요한 역할을 하고 있지만, 현재 상황에서는 비실체화된 지구화의 힘과 중요성이 더욱 강조되고 있습니다. 이러한 괴리와 단절을 이해하면 지구화가 더이상 중요하지 않다는 주장에 대해 보다 효과적으로 반론을 제기할 수 있을 것입니다. 전형적으로 이러한 주장은 무역이나 해외직접투자의 흐름 감소와 같은 실체화된 지구화와 물질확장적 지구화가 여전히 우세하다고 판단하고, 이를 근거로 전반적인 지구화의 중요성이 감소했다고 주장하고 있습니다. 그러나 실제로 지구화는 여전히 중요합니다. 다만 25년 전과는 다른 방식으로 중요성을 유지하고 있는 것입니다.

한국은 세계 무대에서 부상하는 경제적, 문화적 강국으로서, 지구화의 효과적 관리에 중요한 역할을 할 수 있습니다. 지구화의 개선은 무엇보다도 제도적 역량 강화에 달려 있습니다. 복잡하고 단절된 지구화 형식들이 균형 있게 작동하려면 제도적인 역량 강화는 필수적입니다. 그러나 비실체화된 지구화를 지연시키고 나머지 지구화 형식을 재충전하는 데 모든 노력을 기울인다고 하더라도, 이 과제는 엄청나게 어려울 것입니다. 왜냐하면 이 목적을 달성하기 위해서는 두 가지 주요 메커니즘, 즉 '전 지구적 연대의 강화'와 '보다 널리 공유되고 효과적인 지구적 거버넌스 체계의 구축'이 필요합니다. 그러나 지금도 여전히 '대불안의 시대'이기에 이러한 목표들은 너무도 요원해 보입니다. 국민국가는 약해졌을지라도 국가 이익에 대한 집착은 21세기에 새롭게 부상한 지정학적 질서의 주요 동인으로 작동하고 있기 때문입니다.

그러나 한국 독자들을 위해 이 서문을 좀더 낙관적인 전망으로 마무리하고자 합니다. 코로나19의 전 세계적 확산과 이에 따른 파괴적인 사회적 영향으로 현재의 지구화 시스템은 '대불안'을 겪고 있습니다. 하지만 그 이면에는 보다 건강한 형태의 재지구화가 진행되고 있는 중일지도 모릅니다. 그리고 한국은 보다 공정하고 지속가능한 세계를 지향하는 인류의 탐험에 큰 역할을 할 것입니다. 특히 제국주의와 식민 지배의 구조적 영향으로 여전히 고통받고 있는 지구 남반구 수십억 명의 사람들에게 희망이 될 것입니다.

일러두기

- global은 '지구적(인)', national은 '국가적', local은 '지역적'으로 번역했다.
- globality는 '지구성'으로, nationality는 '국가성'으로 번역했다.
- deglobalization은 '탈지구화'로, reglobalization은 '재지구화'로 번역했다.
- globalism은 '지구주의'로 번역했다.
- global studies는 '지구학'으로, global studies scholar는 '지구학 연구자'로, globalization scholar는 '지구화 연구자'로 번역했다.
- national이나 local과 같이 global의 하위 단위를 지칭하는 subglobal은 '지구하위적'으로 번역했다.
- global과 local을 합친 glocal은 '지구지역적'으로, glocalization은 '지구지역화'로 번역했다.
- '행성의 하나로서의 지구'를 의미하는 planet은 '지구 행성'으로 번역했다. 아울러 planet의 형용사인 planetary는 '행성적'으로 번역했다.
- '국가를 넘나든다'는 의미의 'transnational'은 '초국적'으로 번역했다.

차례

· 한국어판 서문 005
· 머리말 014

1. 지구화란 무엇인가? --------------------------------- 021

2. 역사 속의 지구화 ----------------------------------- 047

3. 지구화의 경제적 차원 ------------------------------- 075

4. 지구화의 정치적 차원 ------------------------------- 111

5. 지구화의 문화적 차원 ------------------------------- 139

6. 지구화의 생태적 차원 ------------------------------- 157

7. 지구화에 관한 이데올로기적 대립 ------------------- 179

8. 지구화의 미래 ------------------------------------- 207

· 참고문헌과 더 읽을거리 221
· 주 233
· 역자 후기 238
· 도판(지도 · 도표) 목록 244

머리말

독자 여러분께 이 책의 제5판을 선사하게 되어 너무나도 기쁩니다. 이 책은 영어뿐 아니라 20여 개국의 언어로 번역되어 전 세계적으로 호평을 받았습니다. 하지만 이 책을 개정하고 확장하는 일은 결코 쉽지 않았습니다. 그 이유는 사회적 불평등, 사이버 위협, 집단 이주, 내전, 무역전쟁, 자동화, 새로운 팬데믹, 그리고 세계 각지에서 예상하지 못한 포퓰리즘 대두와 같은 전 지구적 문제들이 급증했기 때문입니다. 실제로 제2차세계대전 이후 구축된 국제질서에 대한 트럼프 대통령의 도전과 중국, 인도, 러시아 등 경쟁국들의 영향력 확대로, 전문가들은 탈지구화 시대의 도래 가능성을 제기하고 있습니다.

이러한 불안정한 시대에 지구화와 같은 복잡한 주제를 간략하면서도 알기 쉽게 설명하는 것은 어려운 일입니다. 특히 매우 간략한 입문서의 경우, 지구화의 일부 측면에만 초점을 맞추는 경향이 있습니다. 예컨대 첨단 기술이 출현한 전 지구적 경제의 역사, 구조, 그리고 이점과 단점 등을 설명합니다. 이러한 방식은 국경을 넘어 사람들을 연결하는 새로운 기술-경제 네트워크와 물류·서비스·노동력의 초국적(transnational) 흐름이 초래하는 영향 및 결과를 설명하는 데 도움이 됩니다. 하지만 그러한 협소한 설명으로는 독자들이 지구화의 복잡함을 충분히 이해하기 어려운 경우도 종종 있습니다.

지구적 상호의존이 가져오는 변혁의 힘은 현대 사회생활의 모든 측면에 깊은 영향을 끼치고 있습니다. 그래서 이번 개정판에서는 지구화 과정이 정치적인 의미나 이야기 형태로 기술되고 정의된다는 점에서 지구화에는 매우 중요한 **문화적이고 이데올로기적인** 측면도 포함되어 있음을 강조하고자 합니다. 서로 상충되는 이러한 설명들의 배후에는 초국적인 미디어를 이용하는 정치 세력들이 자리하고 있습니다. 그들은 국경을 초월한 미디어를 통해 특정 유행어에 규범·가치관·이해 방식을 부여하여 자신들의 권력 이익을 정당화하고 촉진할 뿐 아니라, 수십억 명의 개인적이면서 집단적인 정체성을 형성하고 있습니다. 그 결과 "지구화를 '긍정적'으로 보

아야 하는가? 아니면 '부정적'으로 보아야 하는가?"와 같은
규범적 질문이 강의실과 회의실, 거리에서 열띤 논란을 불러
일으키고 있습니다.

  일부 논객들은 지구화가 수백만 명의 사람들을 빈곤에서
구하고, 즉각적인 의사소통과 무제한에 가까운 정보의 접근
을 가능하게 하였다고 칭송합니다. 이와 같은 경제적 지구화
의 가장 두드러진 성공은 아시아 사회들의 눈부신 발전에서
찾아볼 수 있습니다. 반면에 다른 사람들은 지구화가 전통적
인 공동체의 가치관을 궤멸하고, 지구를 지속불가능한 수준
으로 파괴하며, 사회적 불평등을 확대시키는 파괴적인 힘이
라고 비난합니다. 역설되게도 양측은 각자의 견해를 보강하
기 위해 대량의 경험적 데이터를 제시하고 있습니다. 어느 쪽
의 입장이 지지를 받든지 독자들은 양측의 해석에 대해 **비판
적** 자세를 견지하기 바랍니다.

  저는 지구화에 대해 전반적으로 긍정적인 입장입니다. 세
계의 상호의존적 증가가 사람들의 삶을 개선할 것이라고 믿
기 때문입니다. 분명 사람들의 유동성이 높아지고 정치적 국
경이나 문화적 간극을 초월해 사람들이 연결된다는 것은 실
로 흥분되는 발전이라고 생각합니다. 또한 저는 이민이나 난
민의 지구적 흐름을 허용하는 현명하고도 인도적인 정책을
환영합니다. 기술의 진보 역시 환영합니다. 단, 시민을 착취

가능한 '사용자'로 취급하지 않고 자율적인 시민으로 존중하는 범위 내에서 말입니다. 한마디로, 지구화는 **모든** 사람들의 생활 개선, 특히 지구 남반구의 불우한 지역에 사는 사람들의 생활을 개선하는 방향으로 나아가야 합니다. 가장 중요한 것은 지속가능한 지구화를 확보하기 위해 우리의 아름다운 지구 행성을 더욱 소중히 여겨야 한다는 것입니다.

　오늘날 지구화 연구는 어떤 단일한 학문 분야 의외의 영역으로 확장되고 있습니다. 그러나 학문 영역이 견고하게 정해지지 않은 것은 어쩌면 새로운 기회이기도 합니다. **지구학(Global Studies)**은 '지구화, 초학제성(transdisciplinarity), 공간과 시간, 비판적 사고'라는 네 가지 핵심 개념을 중심으로 발전하는 새로운 학문 분야입니다. 세계 각지에서는 수백 개의 지구학 프로그램이 개설되어 사회과학, 인문학, 나아가 자연과학에 이르기까지 전통적인 학문의 경계를 넘어 수천 명의 학생들을 지구화 연구로 불러오고 있습니다. 연구자들이 쇄도하고 있는 이 초학제적 분야는 일반적으로 제각기 연구되는 관련 분야의 방대한 문헌을 대상으로 하고 있습니다. 따라서 지구학의 최대 과제는 다양한 지식 분야를 통합하여 급변하는 세계의 유동성과 상호의존성을 적절히 평가하는 것입니다.

머리말을 마무리하면서 감사의 뜻을 표하고자 합니다. 먼저 하와이마노아대학과 웨스턴시드니대학의 동료들과 학생들에게 감사 인사를 전합니다. 특히 웨스턴시드니대학 문화사회연구소의 폴 제임스(Paul James) 소장이 보내준 꾸준한 지적 격려와 깊은 우정에 감사의 마음을 전합니다. 다음으로 지구화 연구에 대한 나의 열의를 공유하는 전 세계 동료들의 유익한 피드백에 감사를 전합니다. 마지막으로 20년 넘게 이 주제에 관한 나의 공개 강연과 출판물에 대해 통찰력 있는 논평을 보내준 전 세계의 수많은 독자, 동료 심사자, 청중에게 진심으로 감사드립니다.

친애하는 벗이자 혁신적인 환경보호론자인 프랜츠 브로스위머(Franz Broswimmer) 박사는 지구화의 생태학적 측면에 관한 귀중한 정보를 계속해서 제공해주었습니다. 그에게 특별한 감사의 마음을 전합니다. 이번 개정판에서는 특히 토마소 두란테(Tommaso Durante) 박사에게 감사드립니다. 그는 연구 조사에서 대단히 유능한 협력자일 뿐 아니라 적절한 삽화를 너무나 잘 선택하는 심미안을 지닌 예술가입니다. 토마소의 선구적인 "지구적 상상의 시각적 아카이브 프로젝트"는 다음을 참조하기 바랍니다. http://www.the-visual-archiveproject-of-the-global-imaginary.com/

옥스퍼드대학 출판국 편집자 앤드리아 키건(Andrea Keegan)

과 제니 너지(Jenny Nugee)는 전문가로서 훌륭한 본보기를 보여주었습니다. 마지막으로 무한한 사랑과 지원을 아끼지 않은 아내 펄 베서먼(Perle Besserman)을 비롯해 저의 가족과 처가 식구 모두에게 감사드립니다. 이 책의 질을 높이기 위해 많은 사람들이 수고해주었습니다. 그들에게도 감사드립니다. 그럼에도 불구하고 이 책의 부족한 부분은 모두 저의 책임임을 밝힙니다.

지구화란 무엇인가?

　'지구화'라는 용어가 영어권에 처음 등장한 것은 1930년대까지 거슬러올라간다. 하지만 이 용어가 세계적으로 주목받기 시작한 것은 1990년대에 이르러서다. 이 새로운 유행어는 지구상의 사회생활이 더욱 긴밀한 상호 연결성을 보이는 현상을 포착했고, 정보통신기술(ICT) 혁명으로 가속화된 시장의 지구적 통합을 부각시켰다. 30년이 지난 지금도 지구화는 여전히 뜨거운 논쟁 주제이며, 최근에는 세계 곳곳에서 재부상하고 있는 국가 포퓰리즘(National Populism)[1] 세력으로부터 엄청난 비판을 받고 있다. 오늘날 이 '지구화'란 용어에 대한 반응은 열렬한 환영에서부터 전면적인 비난에 이르기까지 다양하며, 이는 온라인공간과 인쇄매체에서 쉽게 확인할 수 있다.

'지구화'는 대중매체와 학술 문헌에서 어떤 과정·상태·시스템·세력·시대를 기술하는 용어로 다양하게 사용되었다. 하지만 이 개념들은 각기 다른 함의를 지니며, 무분별한 사용은 종종 의미의 모호성과 혼란을 야기했다. 예를 들어, 과정과 상태의 부적절한 혼용은 동어반복적인 순환 논리를 초래한다. 즉 "지구화(과정?)는 더 많은 지구화(상태?)를 초래한다"와 같은 통상적인 표현은 원인과 결과를 분석적으로 구별하지 못하는 한계를 드러낸다.

세 가지 핵심 개념 : 지구성, 지구적 상상, 지구화

이 주제를 이해하기 위한 첫걸음으로, 서로 관련되어 있지만 의미가 다른 세 가지 개념을 구분하고자 한다. 먼저, **지구성(globality)**은 경제, 정치, 문화, 환경의 영역에서 지구적 차원의 긴밀한 상호관계와 흐름으로 특징지어지는 사회적 상태를 의미한다. 이 개념은 현존하는 대부분의 국경이나 경계선에 도전한다. 하지만 지구성이 이미 완전히 실현되었다고 가정하는 것은 적절하지 않다. 이는 가능한 미래의 조건이기 때문이다. 또한 이 용어는 더이상의 발전을 가로막는 확정된 종착점을 의미하지도 않는다. 실제로 우리가 지구성의 다양한 사회적 표현을 상상하는 것은 어렵지 않다. 예컨대 어떤 사람은 개인주의, 경쟁, 자유방임적 자본주의의 가치관에 주로 근거한 지구성을 상상해볼 수도 있고, 다른 사람은 공동체적인 규범이나 협력적 가치관에 기반한 지구성을 상상해볼 수 있다.

둘째, **지구적 상상(global imaginary)**은 사람들이 세계를 하나의 통일체로 **의식**하는 경향이 강화되는 것을 말한다. 그렇다고 해서 국가나 지역의 틀이 고향이나 자기 정체성 형성에 미치는 영향력을 완전히 상실했다는 것은 아니다. 하지만 또한 19세기와 20세기에 형성된 국가적 상상이 약화되고 있다는 점을 간과해서는 안 된다. 사람들은 변함없이 국민국가의 틀 안에서 공동체를 상상하지만, 강화되는 지구적 의식(global consciousness)이 그러한 국민국가의 틀을 불안정하게 만들고 있기 때문이다. 제7장에서 살펴보겠지만, 고조되는 지구적 상상은 정책 과제와 프로그램 수립에 반영되는 정치 이데올로기와 사회적 가치의 변화에도 큰 영향을 미치고 있다.

우리의 궁극적 핵심어인 **지구화**는 현재의 사회적 조건인 종래의 국가성(nationality)을 지구성(globality)으로 전환하는 **일련의 사회적 과정들**을 의미하는 공간적 개념이다. '근대화(modernization)'와 같이 접미사 '화(ization)'로 끝나는 동사형 명사들처럼, 이 개념 역시 식별가능한 패턴에 따라 진화하는 역동성을 내포한다. 그 전개 속도가 빠를 수도 느릴 수도 있지만, 언제나 사회적 변화를 수반한다. 지구학 연구자 롤렌드 베네딕터(Roland Benedikter)가 지적했듯이, 우리는 지금 '지구적 시스템 이동'의 한복판에 서 있다.

그렇다면 '지구화'는 어떠한 '시스템 이동'을 말하는 것일까? 지구화(globalization)의 어근인 '지구적(global)'이라는 용어는 초국적 차원에서만 작동하는 과정을 가리키는 것으로 보인다. 예컨대 전 지구적 시장 운영, 국제적 투자 흐름, 또는 네덜란드에 거점을 둔 국제형사재판소와 같이 전 지구적 영향력을 지닌 기관 설립 등이 이에 해당한다.

하지만 지구화 연구자 사스키아 사센(Saskia Sassen)[2]이 강조하듯이, '지구적' 규모에 국한되지 않는 또하나의 지구화하는 과정이 존재한다. 이 과정은 지역적(regional), 국가적(national), 지방적(local) 차원, 즉 지구하위적(subglobal) 공간에서 발생한다. 지구화 과정에서 이러한 공간들은 소멸되거나 그 중요성을 상실하지 않는다. 오히려 이들은 지구적 요소와 결합하여 다중 공간적(multi-spatial) 형태의 인간관계를 형성한다. 지구학 연구자들은 이와 같은 '지구적인 것'과 지역적/국가적인 것 사이의 복잡한 상호작용을 **지구지역화(glocalization)**라고 명명한다. 즉, 지구화는 본질적으로 지구지역화이다.

그러나 많은 사람들은 지구화가 지역적 차원부터 전 지구적 차원에 이르는 모든 지리적 규모에 영향을 미치고 있다는 사실을 인식하는 데 어려움을 겪고 있다. 만약 우리가 뉴욕, 런던, 상하이, 상파울루, 시드니와 같은 세계적인 도시들의 번화가에서 일반인들에게 지구화의 본질에 대해 묻는다면 어떻게 될까? 아마도 그들은 '디지털 기술이 주도하는 확장된 형태의 지구적 연결성'에 대해 언급할 것이다. 이들은 자기가 쓰고 있는, 안드로이드와 같이 클라우드로 연결된 스마트폰이나, 빅데이터 기반의 강력한 인터넷 브라우저인 구글 크롬이 탑재된 매끈한 모바일 장치를 떠올릴지도 모른다. 혹은 급성장하고 있는 유튜브 동영상 플랫폼, 페이스북이나 트위터와 같이 언제 어디서든 참여할 수 있는 SNS, 블로고스피어(blogosphere)[3], 아마존의 알렉사(alexa)[4]와 같은 클라우드 기반 음성 서비스, 위성 및 컴퓨터로 연결된 올레드(OLED) TV, 넷플릭스의 스트리밍 서비스, 상호작용형 3D 컴퓨터 및 비디오게임, 자율주행 자동차에 장착될 차세대 음성인식 GPS와 내비게이션 장치 등을 말할 수도 있다.

디지털 기술은 '지구화'라는 보다 거대한 현상의 일부에 불과하다. 그러나 이러한 기술 혁신이 오늘날 세계시간(world-time)과 세계공간(world-space)을 압축하는 데 중요한 역할을 하고 있음은 부정할 수 없다. 특히 인터넷(그림 A)은 지구적-지역적 연계를 확장하는 데 중추적 기능을 담당해왔다. 왜냐하면 '월드와이드웹(world wide web)'은 지구상의 분산된 수십억 명의 개인, 수천 개의 시민사회단체, 수백 개의 정부를 연결하고 있기 때문이다.

이러한 맥락에서, 지구화의 본질을 탐험하려는 이 여정은 21세기 사회에서 디지털 기술이 지닌 엄청난 지구지역적 영향력을 보여주는 구체적 사례에서부터 시작하고자 한다. 그것은 믿기지 않지만 실제로 있었던 미국의 젊은 저널리스트의 이야기다. 그는 휴대전화를 분실한 덕분에 중국과 전 세계에 수백만 명의 팬을 확보하게 되었다.

어떻게 도난당한 휴대전화가
미국 청년을 중국 인터넷의 유명 인사로 만들었을까?

2014년 2월 맷 스토페라(Matt Stopera)는 뉴욕의 한 술집에서 해피아워(Happy Hour) 시간에 무료로 제공된 와인을 잔뜩 마신 다음 자신의 휴대전화가 없어진 사실을 알게 되었다. 인터넷 뉴스 및 엔터테인먼트 회사인 버즈피드(BuzzFeed)[5]에서 일하는 청년 저널리스트였던 그에게, 휴대전화 분실은 시력을 잃은 것이나 다름없었다. 맷 스토페라는 충격에서 벗어나 정신을 차린 뒤, 전 세계 수백만 명의 휴대전화 도난 피해자들처럼 새 휴대전화를 구입하고 가능한 한 빨리 이 경험을 잊고자 했다. 대부분의 휴대전화 도난 이야기는 여기에서 끝난다. 하지만 맷 스토페라의 경우는 그렇지 않았다.

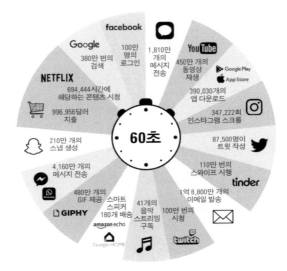

A   2019년 인터넷에서 1분 동안 일어나는 일들

1년 뒤, 그는 뉴욕의 작은 아파트에서 새 휴대전화로 자신의 사진들을 훑어보다가, 본인이 찍지 않은 사진들을 무더기로 발견하게 되었다. 그중에는 오렌지나무 앞에 서 있는 아시아 남자의 사진이 20장 이상이나 있었다. 그의 새 휴대전화에는 한 달이 넘도록 '오렌지 맨'의 사진이 매일 업데이트되고 있었다. 맷 스토페라는 이 수수께끼를 풀기 위해 휴대전화 매장 직원에게 문의했다. 직원은 그가 도난당한 휴대전화가 중국 어딘가에 있을 가능성이 높다고 추측했다. 그 지역은 매년 도난당한 휴대전화 수백만 대의 마지막 종착지였기 때문이다. 매장 직원은 모르는 사람의 사진이 휴대전화에 나오는 이유도 설명해주었다. 맷 스토페라가 도난당한 휴대전화와 새로 산 휴대전화가 같은 클라우드(Cloud) 계정을 공유하고 있었기 때문이다. 맷 스토페라는 직원에게 새 휴대전화의 모든 데이터를 즉시 삭제하고 도난당한 휴대전화 계정을 중지해달라고 요청했다. 이렇게 하면 더이상 번거로운 일이 생기지 않을 것이라 확신하고 맷은 매장을 떠났다.

하지만 맷 스토패라는 잠시 생각해본 뒤, 이 수수께끼의 진상을 알아보기로 결심했다. 그는 버즈피드에 "이 남자는 누구이며, 왜 그의 사진이 내 휴대전화에 나타나는가?"라는 게시물을 작성해서 올렸다. 그러자 불과 몇 시간 만에 수많은 중국인으로부터 '오렌지 맨'을 찾는 일에 돕겠다는 트윗이 올라왔다. 어떻게 수천 킬로미터나 떨어진 수백 명의 트위터가 이토록 신속하고 대규모로 반응할 수 있었을까? 알고 보니 중국 웨이보(微博, 매달 4억 명 이상 활동하는 중국 웹사이트이자 소셜미디어 플랫폼)의 유명한 사용자가 맷 스토페라의 버즈피드 게시물을 공유한 것이었다. 그리하여 수수께끼의 오렌지 맨 추적이 가상세계에서 촉발되었다. 하루아침에 중국의 인터넷에서 유명 인사가 된 그는 새로운 가상세계의 팬들의 조언에 따라 웨이보에 가입했다. 다음날 그의 팔로워(follower)는 5만 명에 달했고, 일주일도 안 되어 팔로워 수는 16만 명으로 늘어났다. 곧이어 그의 팔로워는 100만 명을 돌파했다.

그 무렵 의문의 사나이가 중국 남동해 연안의 광둥성(廣東省)에 살고 있는 리훙쥔(李洪君)이라는 사실이 밝혀졌다. 이 폭발적인 소문의 확산에 주목한 웨이보는 리훙쥔에게 '브라더 오렌지(Brother Orange)'라는 별명을 지어주고, 두 사람이 중국에서 만나도록 독려했다. 며칠 사이에 이 이야기는 웨이보 실시간 검색 1위로 급상승했고, 6000만 명의 사용자가 두 사람이 언제 만날지를 지켜보고 있었다. 이들 중 상당수는 중국 내에서는 금지된 페이스북이나 트위터 같은 미국에 거점을 둔 소셜 네트워크 플랫폼에 가입하기 시작했다. 맷 스토페라 또한 중국 팬들의 수많은 요청에 응답하여, 동영상 게시물을 통해 그들에게 영어를 가르치기 시작했다. 이 교육 사업이

궤도에 오르자 그는 '도우비(豆比)'라는 중국어 애칭을 얻었
는데, 이 말은 영어로 'Mr. Bean'을 의미한다. 이때 '도우비'와
'브라더 오렌지'는 매일 전자 메시지를 교환하고 있었다. 교류
가 잦아지면서, 각자의 배경과 성장사가 더 드러나게 되었다.
브라더 오렌지는 기혼자로 네 명의 자녀를 두고 있으며, 인
구 430만 명의 번화한 도시 메이저우(梅州)에서 '옥다장(玉茶
場)'이라는 레스토랑을 성공적으로 운영하고 있었다.

2015년 3월, 고대하던 만남이 성사되었다. 뉴욕에서 광둥
성으로 향하는 비행기 안에서 중국 승객 몇 명이 맷 스토페라
를 알아보고 몰려들었다. 메이저우 공항에 도착하자, 그는 몇
시간 동안 줄을 서서 자신을 환영하기 위해 기다린 수많은 팬
들을 맞이해야 했다. 그는 "세계적인 유명 인사인 킴 카다시
안이 래퍼인 남편 카네이, 장녀 노스웨스트와 함께 LA 국제
공항에 서 있는 기분이 어떤 것인지 조금은 이해하게 됐어요"
라고 소감을 밝히기도 했다. 팬들은 원거리 휴대전화 친구인
두 사람이 처음 포옹하는 모습에 환호성을 질렀고, 도난당한
휴대전화가 원래 주인에게 돌아간 것에도 박수를 보냈다. 리
훙쥐안은 먼 친척에게 선물로 휴대전화를 받았을 뿐 도난과는
전혀 무관한 것으로 밝혀졌다.

두 사람은 통역을 통해 대화를 나누었고, 웨이보의 후원을
받아 리훙쥐안의 고향을 알리는 홍보 여행에 나섰다. 이들에게

는 편안한 버스 한 대와 특별한 자동차 두 대의 호화로운 교통수단이 제공되었다. 특히 두 대의 자동차에는 그들의 얼굴과 함께 관광을 홍보하는 영어와 중국어로 된 대형 스티커가 부착되어 있었다. 이들의 여행은 소셜미디어에 대대적으로 전해졌고, 이내 가까워진 두 특파원 사이에는 '중미 우호조약'을 상징하는 조인식도 거행되었다. 취재진의 인터뷰 요청이 쇄도했고, 현지의 수많은 팬이 커다란 환영 피켓을 들고 두 영웅과 사진을 찍고자 했다. 이 홍보 여행에는 중국 문화를 선보이기 위한 많은 행사가 포함되었다. 맷 스토페라는 중국의 전통 소녀 의상을 입고 유명한 중화요리를 시식했으며, 농촌의 거대한 차밭과 최근에 건립된 와인 양조장을 시찰했고, 오래된 중국 민요 연주 공연을 관람했으며, 심지어 현지 공산당 지도자의 위령비를 방문해야 했다.

두 사람의 일주일간 여정은 웨이보가 협찬한 천안문광장 등 베이징 여행으로 막을 내렸다(그림 1). 갈수록 늘어나는 언론사 일행과 이제 친숙해진 팬 군단이 따라다니는 것을 보고, 두 사람은 세간의 주목을 피하기 어렵게 되었음을 깨달았다. 심지어 중국 최대 방송사인 CCTV의 뉴스도 가담해, 이들의 베이징 방문 소식을 황금시간대에 전국적으로 보도했다.

맷 스토페라의 중국 여행 이후, 리훙쥔은 답례 차원에서 그의 미국 팔로워들을 대대적으로 방문했다. 맷 스토페라는 리홍쥔에게 뉴욕 홈그라운드를 자랑했고, 이어서 라스베이거스 관광도 함께 즐겼다. 뜻밖에도 이 특별한 인연의 주인공들은 에미상을 수상한 NBC의 〈엘런 디제너러스 쇼(The Ellen DeGeneres Show)〉에 초청되기까지 했다. 이 유명한 진행자는 더 많은 미국 시청자들에게 이 기묘한 커플을 소개하기 위해 자신을 농담조로 '시스터 오렌지(Sister Orange)'라 부르며, 미국과 중국의 팔로워들에게 메시지 교환을 독려했다. 두 사람은 슈퍼스타의 위상을 즐기면서 브리트니 스피어스 콘서트에도 참석하여 팝 디바와 사적인 시간을 보냈을 뿐만 아니라 중국 팬들을 위해 함께 많은 사진을 찍었다.

　도난당한 휴대전화로 인해 평범한 미국인이 중국의 인터넷 스타가 된 이 놀라운 이야기는 국제적으로 관심을 끌었다. 소셜 미디어에서 1억 번 이상이나 공유되었고, 2014년부터 지금까지도 화제가 되고 있다. 맷 스토페라 역에 TV 시트콤 〈빅뱅 이론(Big Bang Theory)〉의 주인공 짐 파슨스(Jim Parsons)가, 리훙쥔 역에 유명한 중국인 배우 둥청펑(董成鵬)이 캐스팅되었다. 영화 제작은 천천히 진행되고 있지만, 이 프로젝트는 여전히 진행중이며 2020년에는 촬영에 들어간 것으로 알려져 있다.

1 베이징 천안문 광장을 방문한 버즈피드의 작가 '도우비' 맷 스토페라와 '브라더 오렌지' 리훙준

도난당한 휴대전화 이야기는
지구화의 무엇을 말해주는가?

휴대전화 도난으로 인한 맷 스토페라의 놀라운 이야기는 환상적인 재미를 선사할 뿐 아니라 지구화의 복잡한 역학관계에 대한 중요한 통찰을 제공한다. 먼저, 이 장의 서두에서 지적했듯이, 이 이야기는 지역적인 것과 지구적인 것이 서로 대립하지 않는다는 사실을 보여준다. 오히려 (작은 마을에서부터 큰 도시, 나아가 전 지구에 이르기까지) 여러 차원에서 상호작용하며 확장되는 모습을 보여준다. 이 지역적-지구적 연계의 강화는 맷 스토페라의 중국 방문 기간에 다양한 형태로 반영되었다. 예컨대 그가 광둥성의 전통적인 소녀 의상을 입고 찍은 사진이 곧바로 전 지구적인 소셜미디어 플랫폼에서 공유되었던 것을 생각해보라. 또는 지역의 도시나 마을에서 두 사람을 환영하는 중국 팬들이 손수 그린 환영 피켓에도 전 세계인이 사용하는 QR 코드가 있었던 것을 생각해보라. 이러한 매트릭스 바코드는 현재 수많은 개인과 기업이 정보를 저장하거나 제품과 서비스를 홍보하는 데 이용되고 있다(상자 1). 혹은 전 지구적 배급을 목표로 한 영화 〈브라더 오렌지〉의 제작을 생각해보라. 이 사업은 전 세계의 특정 장소에 자리한 네 개의 제작사가 통합된 '플래그십 엔터테인먼트(Flagship Entertainment)'라는 초국적기업 산하에서 진행되고 있다. 네

개의 제작사는 미국을 거점으로 하는 워너 브러더스와 버즈
피드 스튜디오, 중국을 거점으로 하는 차이나 미디어 캐피털
과 홍콩을 거점으로 하는 TVB 방송국이다.

도난당한 휴대전화 이야기가 제시하는 또다른 중요한 통
찰은 지구화를 단일한 사회적 과정으로 보아서는 안 된다는
점이다. 오히려 지구화는 다양한 성질과 특성을 지닌, 구별
되면서도 상호연관된 몇 가지 **사회적 형태**를 상정하고 있다.
지구화는 적어도 네 가지 중요한 형태로 식별될 수 있으며,
이것들은 복잡한 패턴의 실천과 의미로 서로 중첩되어 있다.

첫번째 형태는 **'실체화된 지구화(embodied globalization)'**
로, 이는 지구 전역에서의 '인간의 이동'과 관계된다. 제2장
과 제3장에서 자세히 논하겠지만, 이것은 가장 오래된 형태
의 지구화로, 난민, 이민, 여행자, 기업가, 임시 근로자, 관광
객 등과 같은 현대의 이동과도 지속적인 관련을 맺고 있다(상
자 2). 21세기의 구체적인 사례로는, 더 나은 삶을 찾아 아프
리카의 정치적 난민들이 지중해를 건너 유럽으로 가거나, 중
앙아메리카의 이민자들이 리오그란데 계곡을 가로질러 미국
으로 건너가는 것을 들 수 있다. 휴대전화 이야기의 젊은 주
인공 맷 스토퍼라는 특권을 누린 관광객으로서 실체화된 지
구화를 체험했다. 그는 24시간도 채 안 되는 시간에 뉴욕에서
메이저우까지 1만 2704킬로미터의 여행을 비행기로 쾌적하

상자 1   작동하는 지구지역화 : QR 코드의 마법

'QR'은 'Quick Response(빠른 반응)'의 약자로 오늘날 대부분의 제품과 광고에 장식된 수백 개의 '비트' 형상으로 이루어진 사각형의 흑백 바코드를 가리킨다. 휴대전화의 QR 인식 앱을 사용해 QR 코드를 스캔하면 제품 가격을 산출하고, 결제하며, 배송을 추적하고, 문서를 식별하며, 텍스트를 표시하고, 무선 네트워크에 접속하여 휴대전화의 브라우저에서 웹페이지를 열 수 있다. 또한 광둥성에 방문한 맷 스토페라와 리훙쥔을 환영하는 손글씨 피켓의 QR 코드처럼, 지역적 행사를 홍보하는 전 지구적으로 접근가능한 웹사이트가 나타날 수도 있다. 1994년에 일본의 덴소 웨이브사가 차량을 추적하기 위해 발명한 QR 코드는 최대 1만 5000비트까지 저장할 수 있으며, $2.81796087963139763742863778538322230824167491$ $2977296×10^{4515}$가지의 다른 방식으로 배열할 수 있다. 이는 지구상의 추적 가능한 모든 물건들의 수보다도 더 큰 숫자다.

상자 2   실체화된 지구화 : 당신은 지구의 어디로 가고 싶은가?

여행이 그 어느 때보다 활발하게 이루어지고 있다. 2019년 전 세계의 해외여행자 수는 14억 명에 달하였다. 미국의 경우, 국내여행자와 해외여행자를 합친 총여행자 수는 무려 70억 명에 이른다. 전문가들은 2022년에는 80억 명으로 증가할 것으로 예측하고 있다. 아직 제조업이 약간 앞서고 있지만 여행은 세계에서 두번째로 급성장하고 있는 산업이다. 2018년 여행 산업은 전 지구적 경제에 무려 12조 3300억 달러를 기여했다.

고 안전하게 이동했다. 불과 100년 전까지만 해도 이러한 여행을 하려면 배, 기차, 자동차, 마차 등을 타고 몇 주에 걸쳐 힘들게 이동해야 했다. 또한 여행자들은 훨씬 열악하고 위험한 상황에서 중국으로 가야 했다.

두번째 형태는 '**비실체화된 지구화**(disembodied globalization)'로, 이는 비물질적인 요소나 프로세스의 이동을 통해 사회적 관계가 확장되는 현상이다. 예컨대 언어, 이미지, 전자 텍스트, 암호화폐인 비트코인과 같이 부호화된 자본 등이다. 전 지구적 소셜미디어 플랫폼에서 '폭발적으로 확산된' 맷 스토페라의 이야기가 보여주듯이, 이 지구화의 형태는 디지털혁명과 함께 비약적인 질적 도약을 이루었다. 실제로 비실체화된 지구화는 21세기의 지배적인 동력으로 떠오르고 있다. 최신 데이터에 따르면, 2016년 국경을 초월한 디지털 대역폭은 2005년보다 45배 성장했으며, 세계는 그 어느 때보다 디지털로 긴밀하게 연결되어 있다. 이러한 추세로 인해 전문가들은 '디지털 지구화의 새 시대'를 예고했다. 브라더 오렌지 이야기가 인터넷에서 무려 1억 건 이상 공유된 사실은 이러한 관측을 뒷받침한다.

세번째 형태는 '**물질확장적 지구화**(object-extended globalization)'로, 이는 물질의 전 지구적인 이동을 가리킨다. 여기서 '물질'은 주로 거래되는 상품을 말하며, 과거의 조

개, 동전, 지폐와 같은 금융 거래 대상도 포함된다. 이 형태의 지구화는 고대 실크로드를 통해 중국과 로마제국 사이를 이동하는 상품에서부터 현대에 전 세계 바다를 횡단하는 수송 컨테이너까지 포괄한다. 나아가 가까운 미래에 드론을 이용해 서비스를 제공할 아마존닷컴의 디지털 제어 배송 시스템도 포괄한다. 이와 같은 합법적 무역 상품뿐만 아니라, 불법적 무역 상품 또한 포함된다. 예를 들어, 맷 스토페라의 도난당한 휴대전화와 같이 불법적인 방식으로 중국에 반입되어 거래되는 경우가 이에 해당한다. 이 외에, 방글라데시의 열악한 노동환경에서 생산된 빈티지 리바이스 청바지가 밀라노의 가장 세련된 패션 전당으로 보내지는 경우나, 고대의 유물이 국제 인터넷 경매에서 천문학적인 가격에 거래되는 것도, 물질확장적 지구화의 예시이다.

네번째이자 마지막 형태는 **'조직확장적 지구화(organization-extended globalization)'**로, 이는 제국, 국가, 기업, 비정부기구(NGO), 동호회 등 사회적·정치적 기구가 전 지구적으로 확장되는 현상을 말한다. 그 역사는 적어도 이집트, 페르시아, 중국, 로마의 제국 확장과 1000여 년 전 기독교 선교사들의 전도 활동까지 거슬러올라갈 수 있다. 최근의 예로는, 전 세계에 주둔하고 있는 50만 명 이상의 미군, 서브웨이나 KFC 등과 같은 패스트푸드기업의 전 지구적 프랜차이즈, 그리고 중국의 일대일로(一帶一路) 구상이 있다. 이 중국의 구상은 아시아부터 유럽까지 경제적, 정치적 영향력을 확장하기 위한 대규모 사회기반시설 프로젝트이다. 맷 스토페라의 놀라운 모험에서도 이러한 조직확장적 지구화의 예를 볼 수 있다. 그의 중국 방문을 성공적으로 조직화한 웨이보, '전통적인' 중국 문화기관의 초국경적인 프로모션, 영화 〈브라더 오렌지〉 제작을 위해 태평양을 횡단해 공동 제작자를 찾아내는 워너 브러더스 등이 조직확장적 지구화에 해당한다.

실제로 도난당한 휴대전화 이야기는 앞서 설명한 네 가지 형태의 지구화를 모두 뚜렷하게 보여준다. 이러한 지구화의 모든 형태들은 다음과 같은 특성을 지닌다. 첫째, 새로운 소셜 네트워크를 창출함과 동시에, 기존의 정치적·경제적·문화적·지리적 경계를 초월하는 연결을 확대하고 강화한다. 맷 스토페라의 중국 홍보 행사는 이러한 특성을 잘 보여준다. 오늘날의 미디어는 기존의 TV 보도와 다양한 스트리밍 전송이 결합되어 있다. 특히 스트리밍 전송은 디지털 기기와 소셜 네트워크 사이트를 통해 국경을 초월하여 서비스되고 있다.

지구화의 두번째 특성은 사회적 관계·활동·연결의 확장이다. 오늘날의 금융시장은 전 지구에 걸쳐 있으며 전자거래는 24시간 이루어진다. 지구 전역에 거의 동일한 모습의 쇼핑몰이 등장해 세계 각지의 상품(서로 다른 국가에서 제조된 다양한 요소들로 이루어진 상품을 포함하여)을 구매하려는 소비자들의 요구를 충족시키고 있다. 이러한 사회적 네트워크의 확장 과정은 다양한 영역에서 나타나고 있다. 예를 들어, 맷 스토페라와 리훙췐의 경험을 상품화하여 이익을 추구하려는 워너 브러더스와 같은 영리기업, 국경을 넘어 가난한 사람들을 돕고자 하는 비정부기구, 상위 1퍼센트의 부유층이 자주 이용하는 고급 사교클럽에서도 확인할 수 있다. 또한 수많은 지역적·지구적 기구들과 단체들도 해당된다. 몇 가지 예를 들면, 국제연합(UN), 유럽연합(EU), 동남아시아국가연합(ASEAN), 아시아태평양경제협력체(APEC), 아프리카단결기구(OAU), 남미공동시장(MERCOSUR), 세계경제포럼(WEF) 등이 있다.

지구화의 세번째 특성은 전 지구적인 사회적 교류와 활동의 강화 및 가속화이다. 스페인의 사회학자 마누엘 카스텔스(Manuel Castells)가 지적했듯이, 우리는 '커뮤니케이션 권력'에 의해 추진되는 전 지구적 네트워크 사회의 출현을 목격하고 있다. 브라더 오렌지 이야기에서 알 수 있듯이, 이 새로운 형태의 권력은 기술혁신을 통해 인간 생활의 사회적 지형을 재편하고 있다.

지구화의 네번째 특성은 객관적인 물질적 차원을 넘어 주관적인 **인간 의식**의 '주관적인' 차원과도 관련된다. 지역이나 국가에 대한 애착을 유지하면서도, 세계를 하나의 장소로 압축하여 인식하는 경향이 강해지고 있다. 이로 인해 지구 행성 전체를 인간 사고와 행위의 준거틀로 만들고 있다. 다시 말해서 지구화는 지구적 공동체(global community)라는 거시적 구조와 지구적 인격(global personhood)[6]이라는 미시적 구조를 모두 포함하고 있다. 거대한 초국적기업들은 상업적 이익을 위해 인간의 경험에 깊이 관여하고 있다. 이들이 통제하는 디지털 기술을 매개로 전 지구적 요소가 개인의 자아와 성향의 중심부에까지 깊숙이 침투하고 있다. 구체적인 예를 들면, 브라더 오렌지 팬클럽, 도우비 팬클럽, 맨체스터 유나이티드 팬클럽 등과 같이, 개인적이면서도 집단적인 다중 정체성이 만들어지고 있다.

마지막으로, 지구화의 모든 형태와 특성이 일상생활의 주요한 사회적 차원인 경제, 정치, 문화, 이데올로기 등에도 동시에 영향을 미치고 있다. 그런데도 많은 전문가들은 지구화를 단편적으로 분석하고 설명하는 경향이 있다. 이와 같은 지구화를 둘러싼 학계의 논쟁을 설명하는 데는, 고대 불교 경전에 나오는 '장님이 코끼리를 만지는 우화'가 유용하다. 코끼리를 한 번도 보지 못한 장님들은 손으로 직접 만져보아 코끼리에 대한 이미지와 지식을 얻기로 했다. 한 장님은 코끼리의 코를 만지고 거대한 뱀 같다고 주장했다. 다른 장님은 코끼리

2　지구화 연구자들과 코끼리

의 거대한 다리를 문지르면서 거칠고 거대한 기둥에 비유했다. 세번째 장님은 꼬리를 잡고 크고 부드러운 솔 같다고 말했다. 네번째 장님은 코끼리의 날카로운 상아를 만지면서 큰 창과 같다고 했다. 장님들은 저마다 코끼리에 대한 자신의 생각을 강하게 주장했다. 그들의 학문적 명성은 각자 발견한 내용의 신뢰성에 달려 있었기 때문에, 장님들은 코끼리의 진정한 본질을 두고 끝없이 논쟁을 벌였다(그림 2).

〈그림 2〉는 '지구화의 본질이 어디에 있는가'에 관한 학문적 논쟁을 '장님과 코끼리의 우화'를 통해 포스트모던하게 표현한 것이다. 지구화를 단일 과정으로 해석하는 연구자들은 '어떤 측면이 지구화의 주요 영역인가'라는 문제로 인해 다른 학자들과 충돌하고 있다. 많은 전문가들은 경제적 과정이 지구화의 핵심이라고 주장한다. 반면, 다른 전문가들은 정치적·문화적·이데올로기적 측면을 우선시한다. 이외에 환경 문제가 지구화의 본질이라고 지적하는 연구자들도 있다. 우화 속 장님들처럼, 이러한 지구화 연구자들의 다양한 관점은 지구화의 한 측면을 정확히 포착하고 있다는 점에서 부분적으로 타당하다. 하지만 그들 모두가 지구화라는 복잡한 현상을 자신의 전문 분야에 해당하는 한두 가지 영역으로 단순화하려는 독단적인 경향이 있다는 점에서 한계를 지닌다.

문제를 더욱 복잡하게 만드는 것은, 지구화가 단순히 기존의 관계를 연결할 뿐 아니라 때로는 파괴하기도 하는, 지리적으로 불균등한 과정이라는 사실이다. 즉, 세계 각 지역의 사람들이 공간과 시간의 거대한 압축을 경험하는 방식이 매우 다양하다는 것이다. 따라서 연구자들이 지구화의 주요 차원에 관해 서로 다른 견해를 지닐 뿐 아니라, 그 지구화의 규모나 인과관계, 연표(발전 과정), 영향, 궤도(발전 방향), 정책 결과에 대해서도 의견 차이가 발생할 수밖에 없다. 이러한 이유로 지구화 연구자들은 모든 방향에서 다양한 연구과제를 제기하고 있다. 예컨대 지구화는 어떻게 진행되는가? 무엇이 그것을 추동하고 있는가? 그 원인은 하나인가, 아니면 복합적인가? 지구화는 근대성의 연장인가, 아니면 근대성과의 근본적인 단절인가? 지구화는 새로운 불평등과 위계를 만들었는가?

그러나 연구자들은 다음 사실을 유념해야 한다. 탐구 대상에 더 선명하게 초점을 맞추려 할수록 학문적 불일치가 발생할 가능성이 높아진다는 점을 말이다. 우리의 지구화라는 연구 주제도 예외는 아니다.

지구화에 대한 매우 간결한 정의

다행히도 도난당한 휴대전화 사례를 통해 지구화의 형태,

특성, 그리고 다양한 차원을 살펴봄으로써, 그동안 정의하기 어려웠던 이 개념을 보다 실용적이고 이해하기 쉬운 방식으로 정의할 수 있게 되었다. '지구학'이라는 새로운 학문 분야의 핵심 과제는 '지구화라는 현상 전체를 포괄적으로 이해하면서도, 지구화의 각 차원이 지닌 상대적 중요성을 측정할 수 있는 장치를 개발하는 것'이다. 의견 차이가 있을 수 있지만, 대부분의 전문가가 만족할 만한 일반적인 정의를 도출해야 한다. 그래서 지금까지의 논의를 바탕으로, 다음과 같이 지구화를 간략하게 정의하고자 한다.

지구화는 전 지구적 차원의 시간과 공간에 걸쳐 사회적 관계와 의식이 다차원적이면서도 불균등하게 강화되는 현상이다.

하지만 이 책이 '매우 간결한 입문서'라는 점을 고려하여, **더욱 간략한 정의**를 다음과 같이 제시하고자 한다.

지구화란 전 지구적 상호연결성의 강화이다.

제 2 장

_____

역사 속의 지구화

 이 장에서는 역사적 관점을 중시하는 지구학 연구자들이 제기하는 다음과 같은 중요한 질문에 대해 고찰해보고자 한다.

 지구화는 정말 최근의 근대화 과정과는 근본적으로 다른 새로운 현상인가?

 일부 비평가는 이 질문에 대해 부정적으로 답한다. 그들은 '역사를 대충 훑어보기만 해도, 현대의 지구화에 특별히 새로운 점이 없다'고 주장한다. 따라서 지구화의 주요 차원을 상세히 탐구하기에 앞서 이 주장을 공평하게 검토할 필요가 있다. 이러한 '지구화의 새로움과 근대성과의 관계'에 대한 고찰은, 지구화 연구자들 사이에서 활발히 논의되고 있는 다음의 질문과도 밀접하게 관련되어 있다.

지구화의 정확한 역사적 연대기와 시대 구분은 무엇인가?

제1장에서 도출한 지구화의 간략한 정의는 '지구화의 역동적이고 다차원적인 성질'을 강조한다. 사실, 사회관계의 공간적 확대와 이로 인한 지구적 상상의 대두는 깊은 역사적 뿌리를 가지고 있으며, 점진적으로 진행되어온 과정이다. 맷 스토페라의 휴대폰이나 자율주행차를 개발한 컴퓨터 및 소프트웨어 기술은 증기기관, 조면기(繰綿機)[7], 전신기, 축음기, 전화기, 타자기, 내연기관, 전자제품 등을 발명한 선구자들의 공헌 덕분에 이룰 수 있었다. 이들 제품은 망원경, 나침반, 물레방아, 풍차, 화약, 인쇄기, 외항선 등 그 이전에 발명된 기술에 힘입은 바가 크다. 그리고 이러한 기술혁신은 지구의 '서방'이나 '북방'으로 불리는 특권적인 지리적 '중심'에만 국한되지 않았다. 이는 전 세계 모든 지역과 모든 인류의 집단적 성과였다. 인류 문명의 상호연결성을 증가시킨 역사적 기록을 모두 인정한다고 하면, 우리는 종이 생산, 문자 발달, 수레바퀴 발명, 야생 동식물의 가축화 등과 같은 기술적 성취들을 돌아볼 필요가 있다. 또한, 아프리카에서 인류 공통의 조상들이 점진

적으로 이주한 과정과, 인류 진화 초기의 언어 출현과 불 사용 등과 같은 중요한 사회적 성취들도 포함할 수 있다.

따라서 지구화가 새로운 현상인지 아닌지에 대한 평가는, 사람들이 이 지구화라는 유행어에서 연상하는 '최근의 기술들과 사회적 변화를 이끈 인과관계의 범위를 어디까지 포함시키느냐'에 따라 달라진다. 어떤 지구학 연구자들은 오늘날 유례없는 지구화 속도의 독자성을 강조하고자, 그 역사적 범위를 1989년 이후로 제한하기도 한다. 다른 연구자들은 지난 200년 동안의 획기적 발전을 강조하고자, 지구화의 시간대를 산업혁명까지 확장하기도 한다. 그리고 또 다른 연구자들은 1500년대 이후 근대성과 자본주의 세계체제가 출현한 시점부터 지구화가 시작되었다고 판단한다. 그리고 그 밖의 연구자들은 지구화 과정은 수천 년 동안 전개되어 왔다며, 지구화를 수십 년 또는 수백 년이라는 시기로 제한하기를 거부한다.

의심할 여지 없이 이러한 각각의 관점에는 하나같이 중요한 통찰을 담고 있다. 앞으로 살펴보겠지만, 첫번째 접근법의 지지자들은 '1980년대 이후로 전 지구적 교류의 급격한 확장과 가속은 지구화의 역사의 중요한 전환점이다'라는 자신들의 주장을 뒷받침하기 위해 인상적인 다양한 증거들을 제시한다. 두번째 견해의 지지자들은 '지구화의 현대적 형태'와 '산업혁명의 폭발적인 기술 발전' 사이에 밀접한 연결성이 있음을 설득력 있게 강조한다. 세번째 지구화 과정은 수천 년 동안 전개되어왔다며, 지구화를 수십 년 또는 수백 년이라는 시기로 제한하기를 거부한다. 발생한 시공간 압축의 중요성을 타당하게 지적하고 있다. 마지막으로 네번째 입장의 지지자들은 지구화에 대한 온전한 설명을 위해, 고대의 발전과 이후의 장기적 동향을 지구 행성의 역사에 편입시켜야 한다고 주장한다. 이는 대단히 합리적인 주장이다.

이 장에서 제시하는 지구화의 간략한 연대기는 단편적이고 일반적인 성격을 띠고 있지만, 사회적 교류의 속도 변화와 지리적 범위의 확장에 있어 뚜렷히 구분되는 다섯 개의 역사적 시기를 특정하고 있다. 이를 통해 지구화는 고대에서부터 시작하여 수많은 세기에 걸쳐 서로 다른 질적 임계점들을 넘어온 과정임을 확인할 수 있다. 자동차의 변속기가 속도를 증가시키듯이, 지구화 또한 간혹 후퇴하지만 전반적으로 더 높은 단계로 이동해왔다. 다시 말하지만, 이 책의 연대기는 유럽 중심적 관점의 세계사관을 지지하지 않는다. 지구사는 지구상의 모든 주요 지역 및 문화와 관계를 맺으며, 다양한 문명의 중심에서 발생하여 여러 방향으로 전개되었다. 게다가 지구화의 역사는 일관되고 단선적인 상승이 아닌, 예측 불가능하고 폭력적인 뒤틀림과 돌발적인 사건들의 끊임없는 부침으로 점철되어 있다. 예컨대 전 지구적인 상호연관성의 성장을 극적으로 반전시킨 두 가지 주요한 사례로 (유럽에서의 '암흑기'를 가져온) 476년의 로마제국 몰락과 20세기의 전간기(戰間期, 1918~1939)[8]를 들 수 있다.

선사시대(기원전 1만~기원전 3500)

약 1만 2000년 전, 소규모의 수렵채집민 집단이 남아메리카의 최남단에 도달했을 때부터 이야기를 시작해보자. 이는 100만여 년 전 아프리카에서 시작된 인류가 오대륙에 정착하는 긴 과정의 끝을 알리는 사건이었다. 비록 일부 태평양과 대서양에 있는 주요 섬들은 비교적 최근에 정착하였지만, 이 사건은 우리 인간종의 지구적 확산이 진정한 의미에서 달성되었음을 의미한다. 이는 적어도 1000년 전 베링해협을 통해 북아메리카로 건너간 시베리아 조상들의 성공적인 이주를 이은 것으로, 남아메리카 유목민들에 의해 완성되었다.

지구화의 초기 단계에서도 수천 명의 수렵채집민 집단은 제한된 지리적 범위 내에서 정기적으로 접촉했다. 이러한 유목적 양상의 사회적 상호작용은 약 1만 년 전 식량 자급이라는 중요한 전환점을 맞이하며 극적으로 변화하였다. 사육과 경작에 적합한 동식물이 서식하고 있다는 자연적 요인, 대륙의 면적, 인구 등 여러 요인을 검토한 결과, 광대한 유라시

아대륙과 그 부근의 특정 지역만이 농경 정착지로 적합하다
고 판명되었다. 이 지역들은 비옥한 초승달 지대, 중국 북중
부, 북아프리카, 인도 북서부, 뉴기니(New Guinea) 등이다. 이
윽고, 이러한 초기 농경민과 목축민에 의한 식량 잉여는 인구
증가와 더불어 마을과 성채 도시 건설로 이어졌다. 시간이 지
나면서 유목민 무리는 점차 정착형 부족국, 족장국, 그리고
종국에는 농경 기반의 강력한 국가들에 의해 대체되었다(지
도 1). 수렵채집민 사회의 분권화되고 평등주의적인 특성은,
육체노동을 면제받은 족장이나 신관을 정점으로 하는 중앙
집권적이고 계층화된 가부장제적 사회 구조로 변모하였다.
또한 이들 농경사회는 인류 역사상 처음으로 식량생산에 직
접 참여하지 않는 두 개의 사회계층을 지원할 수 있었다. 하
나는 전문 장인들로, 이들은 신기술 발명을 위해 창조적 에너
지를 쏟아 강력한 철기, 귀금속 장식품, 복잡한 관개용 수로,
세련된 도자기와 바구니, 기념비적 건조물 등을 만들었다. 다
른 하나는 전문 성직자, 관료, 군인으로, 이들은 소수의 지배
자에게 폭력 수단을 독점케 하며, 중앙집권국가의 성장과 존
속에 필요한 잉여 식량의 정확한 계산, 새로운 영토 획득, 항
구적 교역로 확립, 원거리 지역의 체계적 탐험 등에 핵심적
역할을 수행하였다.

그러나 선사시대의 지구화는 대체로 지극히 제한적이었다.

당시에는 기존의 지리적·사회적 장벽을 극복할 수 있는 고도의 기술이 거의 부재하였기 때문에, 지속적인 장거리 교류가 불가능했다. 그러나 이 시대가 끝날 무렵, 중앙집권적 관리 형태로 운영되는 농경, 종교, 관료제, 전쟁 등이 서서히 등장함에 따라, 세계 여러 지역에서 점점 더 많은 사회를 아우르는 강화된 사회적 교류가 이루어지기 시작했다.

이 초기 단계의 지구화는 **대분기(great divergence)**로 특징지을 수 있을 것이다. 즉, 이 단계는 단일한 기원에서 출발한 인류와 사회 집단이 시대와 지리적 경계를 넘어 광범위하게 이동하고 다양화된 시기이다.

전근대기(기원전 3500~기원후 1500)

기원전 3500년에서 2000년 사이 메소포타미아, 이집트, 중국 중부에서의 문자가 발명되었고(그림 3), 기원전 3000년 경 서남아시아에서 바퀴가 발명된 것은 거의 같은 시기에 이루어졌다. 이 기념비적인 발명품들은 선사시대의 종언을 고하며, 지구화를 가속화하는 기술적·사회적 발판이 되었다. 유라시아 대륙의 동서로 뻗은 천혜의 지리적 조건은 동일 위도를 따라 식량생산에 적합한 농작물과 가축이 급속하게 확산될 수 있게 했다. 또한, 문자와 바퀴와 같은 신기술들도 불

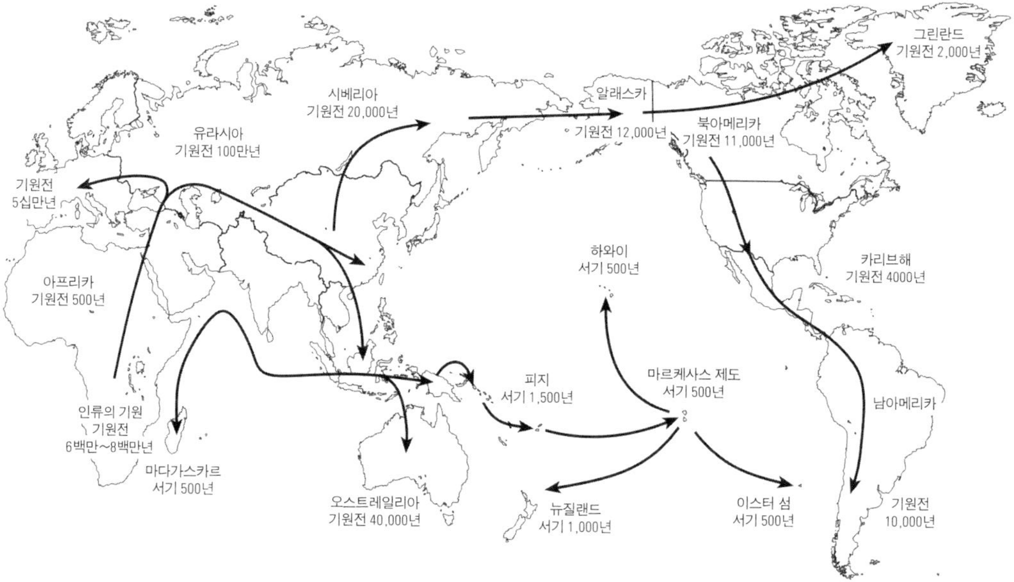

지도 1 초기 인류의 이주

아프리카
기원전 5백만년
기원전 5십만년

인류의 기원
6백만~8백만년

유라시아
기원전 100만년

마다가스카르
서기 500년

시베리아
기원전 20,000년

오스트레일리아
기원전 40,000년

피지
서기 1,500년

하와이
서기 500년

뉴질랜드
서기 1,000년

마르케사스 제도
서기 500년

이스터 섬
서기 500년

기원전 12,000년

알래스카

북아메리카
기원전 11,000년

그린란드
기원전 2,000년

카리브해
기원전 4000년

남아메리카
기원전 10,000년

과 수세기 만에 대륙의 먼 지역까지 보급될 수 있었다. 이러한 발명품이 지구화 과정을 강화하는 데 중요한 역할을 했음은 명백한 사실이다. 특히 바퀴는 운송 속도와 효율을 높인 우마차나 도로와 같은 핵심 기반시설의 혁신에 박차를 가했다. 그리고 문자는 사상 및 발명의 확산을 용이하게 하고 복잡한 사회 활동의 조율을 가능케 하여, 거대 국가 형성의 토대를 마련하였다. 이 시기에 탄생한 영토 단위 중에서 수레바퀴나 문자의 혜택 없이 강대국으로 성장한 것은 남아메리카의 안데스 문명뿐이었다.

전근대 후기는 제국의 시대로 특정지어진다. 일부 국가들이 다른 국가들을 영구히 지배하는 데 성공하여 광대한 영토를 축적하였다. 이 영토는 이집트왕국, 페르시아제국, 마케도니아제국, 아메리카의 아스테카와 잉카제국, 로마제국, 인도제국, 비잔틴제국, 이슬람 칼리프제국, 신성로마제국, 아프리카의 가나, 말리, 송가이제국, 오스만제국의 기반이 되었다. 이들 모든 제국은 원거리 통신을 증대·확장했고, 문화, 기술, 상품, 질병의 교류를 촉진했다. 이 광대한 전근대 문명 중에서 가장 오랫동안 지속되었고 기술적으로 선진적이었던 것은 중국제국이었다. 이 중국의 역사는 지구화 초기의 역동성을 잘 보여준다.

수 세기의 춘추전국시대를 거쳐 기원전 221년 진시황의

3   아시리아의 설형문자 점토판(기원전 1900년~기원전 1800년)

군대가 마침내 중국 동북부의 광대한 지역을 통일했다. 그후 1700년 동안 한(漢)·수(隋)·당(唐)·원(元)·명(明)의 역대 왕조가 제국을 통치했다. 이들 제국은 거대 관료제를 바탕으로 동남아시아, 지중해, 인도, 동아프리카 등 멀리 떨어진 지역까지 영향력을 확대했다(그림 4). 중국의 경이로운 예술성과 찬란한 철학적 성취는 천문학, 수학, 화학 등 다른 지식 분야의 발전을 촉진하였다. 전근대 중국에서 달성한 주요 기술 혁신으로는 개량된 쟁기, 수리공학, 화약, 천연가스 이용, 나침반, 기계식 시계, 종이, 인쇄술, 화려하게 수놓은 견직물, 세련된 금속 가공 기술 등 이루 다 열거하기 어려울 정도다. 수백 개의 작은 운하로 이루어진 광대한 관개 시스템은 농업생산성을 높이는 동시에 세계에서도 손꼽히는 효율적인 수상 운송 시스템으로 활용되었다. 법률의 성문화, 도량형과 화폐의 통일은 무역과 시장의 확대를 가져왔다. 마차의 축 크기와 도로의 표준화로, 중국 상인들은 역사상 처음으로 수출입 물량을 정확히 계산할 수 있었다.

　가장 화려했던 교역로는 실크로드다. 파르티아 상인들의 숙련된 중개로 중국과 로마제국이 연결되었고, 기원전 50년경에는 이탈리아반도에까지 교역망이 확장되었다. 또 약 1300년 후에는 유라시아와 아프리카의 다문화 여행자들이 이 위대한 유라시아의 육로를 통해 베이징에 있는 몽골 황제의 웅장한 궁정에 이르렀다. 이들 중에는 모로코의 상인이자 학자였던 이븐 바투타(Ibn Battuta)와 베네치아 상인인 마르코 폴로(Marco Polo) 가문도 포함된다. 제1장에서 언급했듯이, 중국은 현재 베이징과 서유럽의 도시를 연결하는 대규모 '일대일로'라는 프로젝트를 통해 고대 실크로드를 현대적으로 재해석하여 되살리고자 한다.

　15세기 무렵에는 길이가 122미터에 달하는 수백 척의 함대를 인도양에 파견하여, 아프리카 동해안에 임시 무역 기지를 구축하였다. 그러나 수십 년 후 중국제국의 통치자들은 해외 항해를 중단하고 추가 기술 개발에서 철수하는 운명적인 정치적 결단을 내렸다. 이 또한 지구화의 역행 가능성을 보여주는 좋은 사례다. 그리하여 중국은 이제 막 시작한 산업혁명이 저지되었다. 그 결과, 영토가 훨씬 작고 기술 발전도 뒤처졌던 유럽 국가들이 전 세계적 연결성을 강화하는 역사적 주역으로 부상할 수 있었다.

　전근대 말기의 세계무역 네트워크(지도 2)는 유라시아대륙과 아프리카 북동부의 인구 밀집 지역을 연결하는 다수의 교역 회로로 구성되었다. 오스트레일리아대륙과 아메리카대륙은 아직 이 경제적·정치적·문화적 상호의존의 네트워크에 포함되지 않았지만, 아스테카제국과 잉카제국은 각각의 지역에서 주요 무역 네트워크를 성공적으로 발전시켰다.

4 중국의 만리장성

이 광대한 경제적·문화적 교류 네트워크는 대규모 이주를 촉발하였으며, 이는 인구 증가와 도심지의 급속한 성장으로 이어졌다. 그 결과 발생한 문화적 충돌 속에서, 지역 종교에 머물러 있던 유대교, 기독교, 힌두교, 불교 등이 오늘날 우리가 알고 있는 전 지구적 종교로 변모하였다. 하지만 인구 밀도의 증가와 광범위한 사회적 교류의 강화는 새로운 전염병의 확산을 촉진했다. 예를 들어, 14세기 중반에 흑사병의 대유행으로 중국, 중동, 유럽 인구의 3분의 1이 사망한 것이 대표적이다. 그러나 지구화 과정의 가장 끔찍한 결과는 16세기 '구'세계와 '신'세계의 치명적 충돌이었다. 유럽인들과 접촉하기 이전 아메리카대륙의 정확한 인구 규모에 대해서는 여전히 논란의 여지가 있지만, 유럽의 침략자들이 전파한 치명적인 세균에 의해 아메리카 원주민이 약 1800만 명에서 2000만 명이 사망한 것으로 추정된다. 이는 충격적이게도 원주민 총인구의 90퍼센트에서 95퍼센트에 해당하는 수치이다.

근대 초기(1500~1750)

'근대성'이라는 용어는 18세기 유럽의 계몽주의 기획과 관련되어 있다. 이는 신화, 종교, 정치적 폭정의 비합리성에서 벗어나, 과학을 발전시키고, 보편적인 형태의 도덕과 법을 성

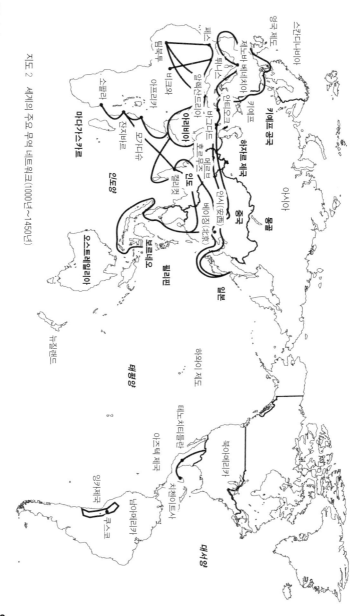

지도 2 세계의 주요 무역 네트워크(1000년~1450년)

스칸디나비아

영국 제도

제노바 베네치아

키예프 공국

키예프

플랑드르

영국제도

튀니스

아프리카

비잔티움

알렉산드리아

아라비아

바그다드

콘스탄티노플

하자르 제국

중국

몽골

아시아

스팔라

마다가스카르

잔지바르

모가디슈

캘리컷

인도

말라바르

멜로른

안시(安西)

베이징(北京)

일본

인도양

오스트레일리아

필리핀

향료 제도

칼리만탄

뉴질랜드

하와이 제도

태평양

북아메리카

테노치티틀란

아스텍 제국

남아메리카

치첸이트사

대서양

잉카제국

쿠스코

취하며, 합리적인 사고 방식과 사회 조직을 구축하려는 기획이다. 그러나 유럽의 근대에 저항해 세계 각지에서 발전한 다양한 형태의 근대성이 존재한다는 사실을 인정하는 것이 중요하다. '근대 초기'는 유럽의 르네상스에서 계몽주의 전성기까지의 기간을 가리킨다. 이 2세기 동안 아시아의 오랜 우위가 종식되고, 유럽과 그 사회적 관습이 지구화의 주요 촉매제로 부상했다.

실제로 알프스 이북의 유럽인들은 대략 500년부터 1000년까지 기술이나 다른 문명 발전에 기여한 바가 거의 없다. 하지만 이들은 이슬람 문화권과 중국 문화권에서 비롯된 기술혁신의 보급으로 커다란 혜택을 받았다. 약 500년 후 중국의 정치적 영향력 약화와 비옥한 초승달 지대의 생태적 쇠퇴에도 불구하고, 유럽 열강은 아프리카와 아시아 내륙 진출에 실패했다.

대신 유럽 열강은 팽창주의적 욕망을 서쪽으로 돌려 인도로 향하는 수익성 높은 새로운 해상 항로를 모색하였다. 이 과정에서 그들은 기계화된 인쇄술, 세련된 풍차와 물레방아, 대규모 우편제도, 개량된 해양 기술, 고도의 항해 기술 등과 같은 기술혁신의 도움을 받았다. 나아가 종교개혁과 그에 따른 자유주의적 정치사상의 영향력이, 유럽, 아프리카, 아메리카대륙 간의 인구학적·문화적·생태적·경제적 교류를 대폭 강화하는 질적 도약의 주요 원동력으로 작동했다.

근대 초기의 지구화 경향을 강화하는 또다른 중요한 요인은, 유럽의 주요 도시와 연계된 상인 계급의 부상이었다. 개인주의와 무제한의 물질 축적이라는 새로운 가치를 표방하는 유럽의 경제기업가들은 후대 학자들이 '자본주의 세계 체제'라고 명명한 기반을 구축하였다. 그러나 이들 신흥 상인 자본가들의 전 지구적 확장은 각국 정부의 실질적 지원 없이는 불가능했다. 스페인, 포르투갈, 네덜란드, 프랑스, 영국의 군주들은 모두 신세계 개척과 새로운 지역 간 시장 건설에 막대한 자원을 투입했다. 이는 기존의 '무역 파트너들'보다 더 큰 이익을 가져다주었기 때문이다.

1600년대 초에는 수익성이 높은 해외무역 기지를 설립한다는 명확한 목적하에 네덜란드와 영국의 동인도회사 같은 국영 주식회사들이 설립되었다. 이러한 혁신적인 기업들은 착취를 통해 규모와 위상을 확대하며, 대륙 간 경제거래 대부분을 규제하는 권력을 획득했다. 그 과정에서 이 기업들은 후대 식민지 정부가 해외 지역을 직접적인 정치 지배하에 둘 수 있도록 하는 사회제도와 문화적 관행을 실시했다(그림 5). 대서양의 노예무역이나 아메리카대륙 내 강제 인구 이동 등은 백인 이주민과 그들의 모국에 막대한 이익을 가져다주었지만, 수백만 명의 비유럽인들에게 고통과 죽음을 안겨주었다.

그리고 유럽 내 종교 전쟁은 백인 인구의 대규모 이주와 이동을 초래했으며, 이 장기적인 무력 분쟁은 군사 동맹과 정치적 협정의 끊임없는 변화를 가져왔다. 이러한 변화는 종교 전쟁이 지구화의 촉매제로서 중요한 역할을 했음을 시사한다. 1648년 베스트팔렌 평화조약은 수백만 명의 사망자를 낸 30년 전쟁의 종지부를 찍었을 뿐만 아니라, 주권과 영토를 지닌 국민국가로 발전할 수 있는 토대를 마련하였다. 국민국가는 18세기 유럽에서 사회생활의 지배적 틀로 부상했다. 근대 초기가 끝나가면서 국민국가 간의 유대가 강화되었고, 이에 따라 국민국가 간의 상승효과와 함께 긴장 관계가 형성되었다.

근대기(1750~1980대)

18세기 말까지 오스트레일리아대륙과 태평양제도는 유럽이 주도하는 정치·경제·문화 교류 네트워크에 서서히 편입되었다. 유럽인과 다른 대륙으로 이주한 그 후손들은 '먼 나라' 이야기와 이국정서가 넘치는 '타자들'의 이미지와 점차 마주하면서, 문명과 도덕을 지키는 세계의 수호자 역할을 자청했다. 그러나 그들은 보편적인 리더십을 끊임없이 주장했음에도 불구하고, 신흥 중산층은 인종차별과 성차별의 관행을 유지했다. 자본주의 경제체제의 토대를 마련한 그들은 자신들

5　맨해튼섬의 거래(1626년)

의 사회뿐 아니라 지구의 북반구와 남반구 사이의 극심한 불평등을 용인했다. 서구 자본주의국가들은 주로 세계의 다른 지역에서 가져온 물질과 자원의 안정적인 공급에 힘입어 전례 없는 '산업혁명'을 일으켰다. 경제기업가와 애덤 스미스(Adam Smith) 같은 학자들은 개인주의와 합리적인 자기 이익의 철학을 전파하기 시작했다. 그들은 자본주의 시스템을 신의 섭리에 따라 작동되는 자유시장과 **보이지 않는 손**에 근거한 것으로 이상화했다.

그러나 19세기에 이르러 노동자계급이 역사상 처음으로 산업자본주의의 착취적 관행에 저항하기 시작했다. 1847년 독일의 정치적 과격파 카를 마르크스와 프리드리히 엥겔스는 유명한 『공산당선언』을 발표했는데, 이 책의 한 구절은 지구화를 가속화시킨 사회적 관계의 거대한 질적 전환을 포착하고 있었다(상자 3).

실제로 세계무역의 규모가 1850년에서 1914년 사이에 급격히 증가했다. 다국적 은행의 활동 확대로 영국 파운드나 네덜란드 길더와 같은 주요국 통화가 금본위제에 힘입어 전 세계적으로 유통되었다. 이로 인해 자본과 상품이 비교적 자유롭게 국경을 넘나들 수 있었다. 대부분의 유럽 국가들이 독자적인 자원 기반을 획득하기 위해 안간힘을 썼으며, 지구의 남반구 상당 부분을 식민지로 삼아 지배했다. 제1차세계대전

상자 3   지구화에 대한 마르크스와 엥겔스의 입장

아메리카대륙의 발견은 막강한 산업과 진정한 의미의 전 지구적
시장을 창조하는 데 초석을 마련해주었다. 이 전 지구적 시장은 무
역, 항해, 육로를 통한 교류를 대폭 확장시켰으며, 이는 다시 산업의
새로운 확대를 야기했다. 공업, 무역, 항해, 철도의 성장은 부르주아
지와 자본을 부상하게 했고, 이것은 중세의 낡은 사회계급을 뒷방
신세로 밀려나게 했다. …… 부르주아지는 판매시장을 전 지구적으
로 끊임없이 확장하고자 하는 욕망에 타올라, 어디든 정착하며, 어
디든 경작하고, 어디든 연결고리를 만들어갔다. …… 부르주아지는
급속히 개량된 생산수단과 끊임없이 진화하는 통신수단을 이용해
모든 나라를 문명으로 편입시켰다. 심지어 가장 미개한 나라까지도
말이다. …… 한마디로 부르주아지는 자신의 이미지에 따라 세계를
창조하고 있었다. (번역은 저자)

발발 직전의 '아름다운 시절(belle époque)'에는 선진공업국의
국내총생산 중 상품무역이 차지하는 비중이 약 12퍼센트에
달했다. 이 기록은 1970년대까지 깨지지 않았다. 그리고 국
제가격체계(International Pricing Systems)의 발달은 곡물, 면화,
각종 금속 등 주요 상품무역을 촉진했다. 또한 코카콜라, 캠
벨 수프, 싱어 미싱, 레밍턴 타자기 등 브랜드 이름이 들어간
패키지 상품도 첫선을 보였다. 이들 기업의 전 지구적 인지도
를 높이기 위해, 광고 대행사들이 국경을 초월한 광고 캠페인

을 본격적으로 시작했다.

그러나 마르크스와 엥겔스가 지적했듯이, 유럽 부르주아지의 대두와 그에 따른 전 지구적 상호연결성 강화는 19세기 과학 기술의 폭발적 발전 없이는 실현될 수 없었다. 이 새로운 산업체제를 유지하기 위해서는 전기나 석유와 같은 새로운 에너지원이 필요했다. 이러한 에너지원의 무분별한 사용은 무수한 동식물 종의 멸종과 광범위한 환경 오염을 초래했다. 한편으로 20세기의 철도, 기계화된 해운, 대륙 간 항공을 통한 수송은 실체화된 유동성과 물질확장적 형태의 유동성을 가속화했다. 이제 인류는 진정한 의미에서의 전 지구적 기반시설을 구축하기 위한 마지막 과제인 지리적 장애를 극복하는 문턱에 서 있다. 동시에 상품과 인력의 운송비용도 지속적으로 하락하고 있다.

이러한 교통수단의 혁신은 오늘날 비실체화된 지구화를 키워낸 통신 기술의 급속한 발전과 맞물려 있다. 1866년 이후 대서양을 횡단하는 전신(電信)이 실현됨에 따라, 지구 남반구와 북반구 사이의 즉각적인 정보 교환이 가능해졌다. 이어서 전신은 전화와 무선 라디오 통신의 활동 무대를 마련해주었다. AT&T와 같은 신흥 통신기업들은 이러한 통신 기술의 발전을 홍보하기 위해 '불가분하게 연결된' 세계를 축하하는 광고 슬로건을 만들었다. 마지막으로 20세기에 이르러 대량 유통되는 신문, 잡지, 영화, TV의 등장은 급속하게 압축되는 세계에 대한 의식을 고양했다.

또한 근대기에는 전례없는 인구 폭발도 목격할 수 있었다. 예수가 탄생할 즈음의 세계 인구는 약 3억 명이었다. 1750년만 하더라도 약 7억 6000만 명으로 약간 증가한 정도였지만, 1980년에는 무려 45억 명에 이르렀다. 대륙 횡단의 대규모 이주 물결은 기존의 문화 교류를 강화하고 전통적인 사회 구조를 변혁시켰다. 미국·캐나다·오스트레일리아·뉴질랜드 등 인기 있는 이민수용국들은 유입된 인적 자원을 적극 활용하였다. 이를 통해 20세기 초 미국이 강대국으로 세계 무대에 등장하게 되었다. 그러나 동시에 이들 이민수용국은 엄청난 문화적 반발을 겪었으며, 대규모 이민 행렬을 통제하기 위해 상당한 노력을 기울여야 했다. 그 과정에서 이민수용국 정부는 '내국인'에 대한 정보를 더 많이 축적하는 동시에 '외국인'을 추방하는 새로운 관료제적 통제 방법과 감시 기술을 개발했다.

20세기 초 급속한 공업화로 인한 빈부와 복지의 격차가 지나치게 커지자, 지구 북반구의 노동자들은 다양한 노동운동과 사회주의 정당을 통해 정치적 조직화를 시작했다. 그러나 그들이 주장하는 이상적인 국제적 계급 연대의 이데올로기는 거의 받아들여지지 않았다. 대신에 '국가적 상상'을 극단적 정치 강령으로 해석하는 국가주의 이데올로기가 전 세계 수백만 명의 지지를 얻었다. 대공황, 대규모 인구 이동, 도시화, 산업 경쟁의 결과로, 1930년대에는 국가 간 갈등이 격화되었다. 이 극단적인 국가주의 시대는 제2차세계대전, 대량학살 등과 같은 적대적인 조치로 그 절정에 달했다. 그 적대적인 조치는 문화적 동질성을 찬미하는 편협한 정치공동체를 '보호'하기 위한 수단이라며 정당화되었다.

제2차세계대전은 20만 명 이상의 일본 민간인을 희생시킨 강력한 원자폭탄의 폭발로 종결되었다. 이 사건은 '국가들'이 지리적, 정치적으로 분리되어 있다는 환상을 근본적으로 깨뜨렸다. 제2차세계대전 종식의 보다 긍정적인 결과는 1950년대와 1960년대에 걸쳐 탈식민지화가 급속하게 이루어진 것이었다. 이 과정에서 지구 남반구에 새로운 국민국가가 탄생했고, 동시에 전 지구적 유동성과 국제 교류가 활발해졌다. 「유엔헌장」에 근거한 주권국가들이 상호의존하는 새로운 정치질서는 전 지구적 민주적 거버넌스의 전망을 높였다. 그러나 이러한 전 지구적 희망은 냉전으로 인해 급속히 퇴색되었다. 세계는 40년 동안이나 두 개의 적대적 진영으로 분리되었다. 이 두 진영은 미국이 지배하는 자유-자본주의의 **제1세계**와 구소련이 지배하는 독재-사회주의의 **제2세계**였다. 두 진영은 이후 **제3세계**로 불리게 될 지역에서 정치적·이데올로기적 우위를 점하고자 경쟁하였다.

이처럼 '세계'를 지리적으로 삼분한 것은 지구적 상상의 부상을 명확히 보여준다. 그러나 이는 '지구적'이라는 용어가 언제나 긍정적인 의미만을 내포하지 않음을 동시에 시사한다. 예를 들어, 1962년 쿠바 미사일 위기와 같은 초강대국 간의 대립은 지구상의 거의 모든 생명체를 파괴할 수 있는 전 지구적 분쟁에 대한 불안을 고조시켰다. 세계가 멸망 직전까지 갔던 이 끔찍한 상황은 냉전시대의 대표적 용어인 '상호확증파괴'[9]라는 영구적인 표현을 탄생시켰다.

현대기(1980대 이후)

이 장의 서두에서 기술한 바와 같이, 1980년대 이후 전 세계적 상호의존성과 지구적 의식의 극적인 창출, 확대, 가속은 지구화의 역사에서 새로운 비약을 나타낸다. 이 최신의 지구화 물결은 **대수렴(great convergence)**으로 특징지을 수 있을 것이다. 이는 역사상 그 어느 때보다도 다양하고 분산된 지구상의 사람들과 사회적 관계가 급속히 수렴하고 있기 때문이다. 이러한 역동성은 1991년 이후 공산주의의 구소련권 붕괴와 통합된 세계시장 창출을 목표로 하는 '신자유주의'에 의해 탄력을 받았다. 또한 국가경제 규제 완화와 정보통신기술의 혁명이 맞물려 지구화를 가속화시켰다. 제1장에서 언급한 바와 같이, 인터넷, 무선통신, 디지털 소셜미디어의 전 세계적 보급에 따라, 지역과 전 지구를 수평적으로 연결하는 디지털 커뮤니케이션 네트워크가 전례없이 발전할 수 있었다.

그러나 지난 30년 동안 지구화는 구체적으로 어떻게 가속화되었을까? 지구화에 따라 가장 큰 영향을 받은 사회 활동은 어떤 측면일까? 현대의 지구화는 '좋은' 것인가, '나쁜' 것인가? 전 세계에서 폭발적으로 확산되는 포퓰리즘운동은 우리가 '탈지구화' 시대로 접어들고 있다는 신호인가? 이 책의 나머지 장에서는 지구화의 주요 차원을 탐색하면서 이러한 중요한 물음에 대한 가능한 답변을 모색하고자 한다. 이를 위해 '지구화'라는 용어 적용을 의식적으로 현대기로 한정하되, 이 장에서 확인한 주요한 교훈을 염두에 두고자 한다. 그것은 바로 지구화를 추동하는 힘이 수천 년 이전까지 거슬러올라갈 수 있다는 사실이다.

지구화 여정의 다음 단계로 넘어가기에 앞서, 제1장에서 강조한 중요한 점을 상기할 필요가 있다. 지구화는 단일한 과정이 아니라, 실체화된 지구화, 비실체화된 지구화, 물질 확장적 지구화, 조직확장적 지구화와 같은 다양한 형태를 취한다. 또한, 다양한 지리적 규모와 다차원에 걸쳐 동시적이면서도 불균등하게 진행되는 연쇄망과 같은 과정이다. 이러한 상호작용성과 상호의존성은 페라리의 강력한 V-12 엔진의 복잡한 부품 연결에 비유할 수 있을 것이다. 그러나 자동차 정비 견습생이 이 귀중한 엔진의 작동을 이해하기 위해서는 엔진을 *끄고* 분해해야 하듯이, 방대하고도 복잡한 부품으로 이루어진 지구화를 이해하려면 현실세계의 복잡한 흐름의 스위치를 잠시 *끄고* 분석적 구별을 수행해야 한다.

따라서 제3장부터 제8장까지 지구화의 다양한 영역을 개별적으로 검토하고자 한다. 그러나 동시에 지구화를 어느 하나의 '가장 중요한' 측면으로 환원하려는 유혹에는 강하게 저항하고자 한다. 그렇게 해야 비로소 장님이 코끼리의 전모를 이해하지 못하는 실수를 피할 수 있기 때문이다.

제 3 장

지구화의
경제적 차원

제1장과 제2장에서는 인터넷과 소셜미디어를 중심으로
한 디지털 기술의 진화가 '현대 지구화'의 특징으로 인식되고
있음을 지적했다. 실제로 지난 30년간의 대규모 기술 진보는
시장을 중심으로 한 광범위한 사회변혁을 보여주는 좋은 지
표이다. 경제 생산과 상품 교환의 방식 변화는 우리 시대의 거
대한 변혁을 명확하게 보여준다.

경제적 지구화란 전 지구적 차원에서 경제적 유대가 강화되
고 확대되는 현상을 가리킨다. 디지털 기술과 표준화된 수송수
단을 통한 대규모 자본 흐름은 상품과 서비스 무역을 활성화했
다. 시장은 전 세계를 넘어 사이버공간까지 확대되어 지방·국
가·지역경제를 통합했다. 예를 들어, 초국적기업(TNC), 강력

한 국제경제기구, 아시아태평양경제협력체(APEC), 동남아시
아국가연합(ASEAN), 남미공동시장(MERCOSUR), 유럽연합
(EU) 등과 같은 대규모 지역 비즈니스 무역 네트워크가 21세
기 전 지구적 경제질서의 주요 구성 요소로 부상하게 되었다.

전 지구적 경제질서의 등장

현대의 경제적 지구화는 제2차세계대전 직후 뉴잉글랜드
의 한적한 마을 브레턴우즈에서 개최된 역사적인 경제 회의에
서 형성된 새로운 국제적 경제질서에서 비롯되었다(그림 6).
미국과 영국의 주도 하에 북반구의 주요 강대국들은 제1차세
계대전과 제2차세계대전 사이에 실시했던 보호주의 정책을
철회하기로 합의했다. 이 회의에서 참가국들은 무역 확대를
확고하게 약속하고 경제 활동에 대한 구속력 있는 규칙도 제
정했다. 아울러 각국의 통화 가치를 미국 달러화에 고정해 보
다 안정적인 통화 교환 시스템 구축도 결의했다. 그러나 이러
한 규정 한도 내에서 각국은 자국 통화의 유통을 자유롭게 통
제할 수 있었다.

이 외에, 브레튼우즈체제(BWR)는 세 개의 새로운 국제경
제기구를 설립했다. 첫번째는 국제 통화 제도를 관리하기 위
해 설립된 국제통화기금(IMF)이다. 두번째는 이후 세계은행

6 브레튼우즈 회의(1944년)

(World Bank)으로 불리게 된 국제부흥개발은행(IBRD)이다. 이 기구는 당초 유럽의 전후 복구를 위한 융자 제공이 목적이었다. 그러나 1950년대에는 그 목적이 확대되어 전 세계 개발도상국의 다양한 산업 프로젝트에 자금을 제공했다. 마지막 세번째는 관세 및 무역에 관한 일반협정(GATT)이다. 이 협정은 1947년에 설립되어 다자간 무역 협정의 체결과 집행을 담당했으며, 이후 1995년에 세계무역기구(WTO)로 발전했다. 21세기에 들어 세계무역기구는 경제적 세계화의 설계와 그 영향에 대한 치열한 논쟁의 중심에 있다.

거의 30년간 운용된 브레턴우즈체제는 '통제자본주의의 황금시대(1945~1980)'를 확립하는 데 크게 기여했다. 무역과 해외직접투자(FDI)가 세계의 국내총생산보다도 빠르게 증가하여, 세계 총생산 대비 수출 비중이 1945년 5퍼센트 미만에서 1981년 16퍼센트로까지 무려 세 배나 증가했다. 당시 유럽과 미국의 보수정당들조차 브레턴우즈체제의 수석 설계자이자 저명한 경제학자인 존 메이너드 케인스(John Maynard Keynes)가 제창한 '국가개입주의' 입장을 수용하였다. 대기업과 근로자 간의 임금 타협과 국제적 자본 이동에 대한 국가의 강력한 통제는, 북반구 부유국들의 완전 고용과 복지국가 확대에 기여하였다. 임금 상승과 사회 서비스 증가로 일시적으로나마 계급 간 타협이 이루어져 중산층 확대를 촉진했다.

1971년 브레턴우즈체제는 심각한 타격을 입는다. 그해 리처드 닉슨 대통령이 세계의 정치적 변화에 대응하고 미국 기반 산업의 경쟁력 약화를 막고자, 금본위제(안정적인 환율에 기초해 경제 운영 규칙을 정하는 장기적 기반)를 포기하였다. 이후 10년간 전 지구적 경제 불안의 시기였다. 구체적으로, 고인플레이션, 저성장, 고실업률, 공공 부문 적자, 석유수출국기구(OPEC)의 세계 석유 공급 장악으로 인한 두 차례의 전례 없는 에너지 위기 등이 발생했다. 그리하여 통제자본주의 모델을 열렬하게 지지했던 북반구의 진보 정치세력은 장렬한 선거 패배를 맛보게 되었다. 대신 경제사회정책에서 '신자유주의'(상자4)라고 불리는 접근법을 제창하는 보수 정당이 부상하였다.

1980년대 마거릿 대처 영국 총리와 로널드 레이건 미국 대통령은 **신자유주의혁명**의 공동 지도자로 나서게 되었다. 이들은 각국 정부가 자유롭게 정치적·경제적 의제를 설정할 때, 세계경제가 가장 효율적으로 작동한다는 케인스주의의 핵심 전제에 반대했다. 대신 신자유주의자들은 민간경제 활동을 정부 통제에서 해방시킬 때 세계무역, 투자, 생활 수준이 비약적으로 향상될 것이라고 단언했다. 북반구의 친기업 엘리트들은 자신들의 비정통적 아이디어 정당성을 강화하기 위해, '지구화(세계화)'라는 신조어를 전 세계 국가 통제경제

> **상자 4 신자유주의**
>
> 신자유주의는 영국의 애덤 스미스(Adam Smith, 1723~1790)와 데이비드 리카도(David Ricardo, 1772~1823)의 고전적 자유주의 이데올로기에 뿌리를 두고 있다. 두 사람은 시장을 수요와 공급의 균형을 지향하는 자기조절 메커니즘으로 간주하고 이러한 시장을 통해 가장 효율적인 자원 배분이 가능하다고 주장하였다. 이 영국의 철학자들은 자유 경쟁에 대한 어떠한 제약도 시장체제의 자연스러운 효율을 방해하고, 그 결과 사회 정체, 정치 부패, 무능한 국가 관료기구 창설로 이어진다고 생각했다. 또한 그들은 수입 관세 철폐와 국가 간 무역과 자본 흐름을 막는 장벽 제거를 제창했다. 영국의 사회학자 허버트 스펜서(Herbert Spencer, 1820~1903)는 자유시장경제야말로 '적자(fittest)'가 자연스럽게 정상에 오를 수 있는 인류 경쟁의 가장 문명화된 형태라면서 신자유주의를 사회진화론으로 왜곡했다.

의 '해방'과 규제 완화를 지향하는 정치적 의제와 의도적으로 연결시켰다. 이 시기에 형성된 신자유주의 경제·정치 질서는 1989년부터 1991년까지 소련권에서 공산주의가 붕괴하면서 더욱 정당성을 확보하게 되었다.

이후 경제적 지구화를 가속화하는 주요 세 가지 동력은 무역과 금융의 국제화, 초국적기업과 대형 투자은행의 권력 증대, 국제통화기금·세계은행·세계무역기구 등과 같은 국제경제기구의 역할 확대였다. 이제부터 이러한 경제적 지구화의 주요 특징과 최근 대두된 몇 가지 과제에 대해 검토해보도록 하겠다.

무역과 금융의 국제화

많은 이들이 경제의 지구화라고 하면 논란이 많은 자유무역과 연관짓는다. 어쨌든 자유무역으로 인해 세계무역 총액이 1947년 570억 달러에서 2018년 19조 5000억 달러로 폭발적으로 급증한 것은 사실이다. 그러나 2008년 세계금융 위기 이후 상품과 서비스 무역이 정체되고 있다. 실제로 2018년 'KOF 지구화 지수(KOF Index of Globalisation)'[10]에 따르면, 1975년 이후 처음으로 2017년에 하락세를 보였다. KOF 지구화 지수는 주로 '물질확장적 지구화'를 측정하는 주요 지표로, 향후 몇 년간 보합세를 유지하거나 더 하락할 것으로 예상된다. 통상 지구화와 연계된 자동화의 진전으로 세계 상품무역은 20퍼센트에서 30퍼센트 정도 감소할 것으로 추정된다. 이로 인해 **무역 정점**에 도달했고, 이제 경제통합이 한계에 이른 것이 아니냐는 의문이 제기되고 있다.

2010년대 미국과 유럽의 일부 국가에서 무역 관세를 지지하는 포퓰리스트들이 집권한 이후, 자유무역의 득실을 놓고 공개 토론이 치열하게 이루어졌다. 게다가 북반구의 부유한 친

시장파 정부들과 지역무역 블록은, 포괄적인 무역자유화협정을 통해 전 지구적 단일 시장을 확립하려는 노력에 찬물을 끼얹고 있다. 예를 들어, 보호주의적인 트럼프 행정부는 2017년 환태평양경제동반자협정(TPP)에서 탈퇴했다. 이 포괄적 협정은 세계 최대의 자유무역권을 확립하고자 한 것이었다. 그렇지만 중국, 캐나다, 오스트레일리아를 포함한 나머지 11개국은 '포괄적·점진적 환태평양경제동반자협정(CPTPP)'이라 불리는 개정된 조약에 서명함으로써 간신히 협정을 유지할 수 있었다.

자유무역을 추진하는 다수의 정부는 신자유주의적 무역규칙이 국내법을 무시할 가능성을 인식하고 있다. 그럼에도 그들은 국가 간 기존 무역 장벽을 철폐하거나 감축하여 전 지구적 부를 증가시키고 소비자 선택을 확대하겠다는 신자유주의의 초기 공약을 여전히 고수하고 있다. 그들은 통합된 시장의 궁극적인 이점이 '모두에게 이익이 되는 평화적인 국제관계와 기술혁신 확보에 있다'고 주장한다(상자 5).

실제로 자유무역을 실시한 결과로 생산성이 향상된 국가들이 있다. 중국, 인도, 베트남, 인도네시아 등 개발도상국에서 수백만 명이 빈곤에서 벗어났다. 2018년 세계은행 통계에 따르면 극심한 빈곤상태(하루 2500원 미만의 수입)에서 사는 인구 비율이 1990년 약 50퍼센트에서 2016년 8.6퍼센트

상자 5 신자유주의의 구체적인 조치들

1. 공기업의 민영화

2. 경제적 규제 완화

3. 무역 및 산업 자유화

4. 대규모 감세

5. 인플레이션 억제를 위해, 실업률 증가의 위험이 있더라도 통화 공급을 줄이는 통화주의자적 조치[11]

6. 노동조합에 대한 엄격한 통제

7. 공공 지출 감소, 특히 사회 지출 감소

8. 정부 규모의 축소

9. 국제시장 확대

10. 전 지구적 금융 유동(financial flow)에 대한 규제 철폐

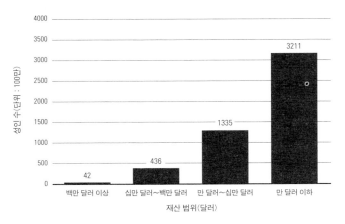

B   2018년, 개인 순자산에 따른 전 지구적 자산의 배분 현황(단위 백만 달러)

라는 경이로운 수준으로 감소했다. 게다가 경제의 전문화, 경쟁, 신기술의 광범위한 보급 등을 통해 많은 사회에 물질적 이익을 확실하게 제공한 것도 명확한 사실이다.

하지만 오늘날에도 전 세계에 7억 3000만 명 이상이 극심한 빈곤에 허덕이고 있다. 유엔은 최근 2030년까지 이를 2억 5000만 명 이하로 낮추겠다는 목표 달성이 어려울 것이라고 발표했다. 게다가 소득과 부의 불평등이 국가 내에서 급증하고 있는데, 이는 신자유주의적 지구화 혜택이 상위계층에 불균형적으로 편중되어 있음을 시사한다. 2018년 옥스팜(Oxfam) 연례보고서에 따르면, 세계에서 가장 부유한 26명이 전 세계 인구의 절반을 차지하는 저소득층 38억 명의 자산과 동일한 규모의 자산을 보유하고 있다. 2008년 금융 위기 이후 10년 동안 억만장자 수는 두 배로 증가한 반면, 대기업이 납부하는 세금의 비중은 큰 폭으로 감소했다. 마지막으로, 자유무역으로 인한 이익이 소득 계층별로 공평하게 배분되지 않고 있다는 사실을 경험이 경험적으로 입증되고 있다. 미국의 경제정책연구소에 따르면, 2018년 미국 350대 기업의 최고경영자(CEO) 수입이 평사원의 312배에 달하였다. 1965년만 하더라도 최고경영자와 평사원의 수입 비율은 20대 1에 불과했다(그림 B).

무역의 국제화는 금융 유동의 자유화와 병행하여 진행되

었다. 이 과정의 주요 요소는 금리 규제 완화, 신용 규제 철폐, 국유은행과 금융기관의 민영화, 투자은행의 폭발적 성장 등이다. 금융 거래의 전 지구화로 인해, 금융업계의 다양한 부문에서 유동성이 증가하고 규제가 완화되면서 투자 기회가 확대되었다. 최첨단 위성 시스템과 광섬유 케이블은 인터넷 기반 기술의 신경계(nervous system) 역할을 하며, 금융 거래의 자유화를 가속화했다. 21세기 초 베스트셀러가 된 빌 게이츠의 저서 『비즈니스@생각의 속도』라는 세련된 제목이 암시하듯, 오늘날 엄청나게 빠른 비즈니스 속도는 당연한 일이 되었다. 수백만 명의 개인투자자들이 전 지구적인 실시간 전자투자 네트워크를 활용하여, 세계의 주요 증권거래소에서 주문할 뿐 아니라 관련 동향에 관한 귀중한 정보도 얻고 있다(그림 7).

그러나 새로운 세기의 첫 10년을 휩쓴 **전 지구적 자본주의의 금융화**에 관여한 자금 대부분은 생산적 투자와 거의 무관하였다. 예를 들면, 판매가능한 상품 생산을 위한 기계 조립이나 원자재 구입, 종업원 채용 등과는 거의 관련이 없었다. 금융 성장의 주요 원인은 부동산 부문의 대출 증가였으며, 대부분 **위험성이 큰 헤지펀드**나 순수한 투기 목적의 통화 및 증권시장의 형태로 이루어졌다. 다시 말해, 투자자들이 아직 존재하지 않는 상품이나 환율에 베팅하고 있었던 것이다. 세계

7 뉴욕 증권거래소

의 금융 시스템이 위험성이 큰 혁신을 추진하는 주식시장에 지배됨에 따라, 높은 변동성, 첨예한 경쟁, 전반적인 불안정, 심지어 명백한 사기 행각까지 나타났다. 세계적인 투기꾼들은 금융 및 은행의 취약한 규제를 이용해, 개발도상국의 신흥시장에서 천문학적 이익을 거두곤 했다. 그러나 이와 같은 국제적 자본의 흐름은 빠르게 역전될 수 있기에, 인위적인 호황은 다시 불황으로 이어져 지역 전체의 사회복지를 위태롭게 만들 수 있다. 바로 1997~1998년의 아시아 경제위기가 이러한 상황의 구체적 사례이다.

그로부터 10년 후, 2008년 세계금융위기가 발생한 이래로 만성적인 경제 불안정이 지속되고 있다. 그 금융 위기는 1980년대부터 약 30년에 걸친 신자유주의적 규제 완화로 인해 증가한 금융 유동성으로 촉발된 것이었다. 현재의 무역 유동성이 취약한 것처럼, 금융위기 이후 초국가적 금융 유동성과 해외직접투자는 저조한 수준에 머물러 있다. 세계의 국내총생산 대비 해외금융 유동 비율은 2007년 22퍼센트에서 2016년 6퍼센트로 하락해 1996년 수준으로 회귀하였다. 통신 비용은 지속적으로 빠르게 하락했으나, 전 지구적 수송 비용은 불안정한 유가와 소비 패턴으로 인해 정체 상태에 있다.

'초국적기업의 권력 증대'와 '전 지구적 경제기구의 역할 강화'에 따른 경제적 지구화를 논의하기에 앞서, 현재의 전 지구적 경제 변동성과 관련한 세 가지 중요한 사건을 간략히 검토해보고자 한다. 첫번째는 2008년 금융 위기와 그에 따른 대공황이고, 두번째는 2010년대 그리스 정부의 채무 위기로 정점에 달한 유럽 재정 위기며, 마지막 세번째는 2010년대 말에 발생한 미·중 무역 분쟁이다.

전 지구적 경제 변동성의 시대

2008년 세계 금융 위기의 근원은 1980년대와 1990년대까지 거슬러올라갈 수 있다. 당시 레이건, 부시 1세, 클린턴으로 이어지는 3대 미국 정부는 자국 내 금융 서비스업에 대해 대폭적인 규제 완화를 추진했다. 이러한 미국 금융자본의 신자유주의적 규제 완화는 기업 합병이라는 광풍을 불러일으켰고, 그 결과 본업과 무관한 분야의 증권 벤처에 열을 올리는 거대한 금융 서비스 기업이 탄생하게 되었다. 당시 **파생 상품, 금융 선물, 신용부도스와프** 등과 같은 복잡한 금융상품들이 유행할 수 있었던 이유는, 컴퓨터 기반의 새로운 수리 모델들(mathematical models) 덕분이었다. 이러한 모델들은 현재 합의된 가격으로 미래 자산을 구매할 때 발생하는 위험을 보다 안전하게 관리할 수 있는 방법을 제시하였다. 저축예금에 대한 의존도가 낮아지게 됨에 따라, 금융기관들은 서로 차입하고 그 대출금을 유가증권으로 판매해 증권투자자들에게 위험을 전가했다. 헤지펀드 등 다른 '혁신적인' 금융 상품들도 차입한 자금으로 충당해 각종 투기 활동을 부추겼다. 예를 들어, 수십억 달러의 투자금이 복잡한 '주택담보대출 저당증권'으로 유입되었는데, 이는 투자자에게 최대 25퍼센트에 이르는 자기자본수익률을 약속했기 때문이다.

미국 연방준비은행이 통화주의 정책에 따라 저금리와 풍부한 신용 공여를 유지하자, 전 세계의 투자은행들은 주택담보대출 브로커들로부터 위험한 **서브프라임 대출**을 받아 자본 탐색을 확대했다. 당시 주택담보대출 브로커들은 높은 수수료에 이끌려 계약금도 받지 않고 신용 조회도 하지 않은 채 주택담보대출 신청을 받아주었다. 미국에서 이러한 대출이 점점 더 인기를 끌었는데, 그 대출의 대부분이 단기금리 변동에 연동하는 변동금리 주택담보대출이었다. 투자은행들은 이런 고위험 대출 자산을 정부의 규제를 받지 않는 복합증권에 묶어 되팔면 그 위험을 줄일 수 있다는 사실을 알고 있었다. 실제로 이러한 증권화 수단 중 가장 '혁신적'이면서도 복잡한 것이 **부채담보부증권**이었다. 투자은행들은 부채담보부증권을 이용해 부실 대출을 위험이 낮은 자산과 함께 묶어 잘 모르는 투자자에게 되팔았다. 게다가 세계 최고의 신용평가회사인 스탠더드앤드푸어스(Standard and Poor's)나 무디스(Moody's)에서도 이 부채담보부증권에 대해 긍정적인 신용등급을 부여하였다. 이 새로운 증권펀드의 높은 수익률은 세계 각지에서 투자자들을 끌어들였고, 그리하여 '독성 자산'으로 알려진 1조 달러 이상의 자산이 전 지구로 급소하게 확산되었다.

그러나 2007년 중반, 과대 평가되었던 미국의 부동산이 하락하기 시작하고 압류 물건이 급증하면서, 금융의 폭주 기관차는 마침내 연료가 바닥났다. 리먼브러더스(Lehman Brothers), 베어스턴스(Bear Stearns), 메릴린치(Merrill Lynch), 골드만삭스(Goldman Sachs), AIG, 씨티코프(Citicorp), J.P.모건체이스(Morgan Chase), 인디맥은행(IndyMac Bank), 모건스탠리(Morgan Stanley), 패니메이(Fannie Mae), 프레디맥(Freddie Mac) 등이 파산을 선언하거나 세금으로 구제받아야 했다. 이들 기관은 세계 최대 규모의 유서 깊은 금융기관이자 보험사였으며, 정부 출연 주택담보대출 인수회사였다. 결국, 보수적인 조지 부시 2세 정부와 진보적인 오바마 정부 모두, 관련 사업에 대한 정부 지분을 얻는 대가로 부실화된 주택담보대출증권에 수천억 달러를 지출해야 했다.

다른 선진국들도 미국을 뒤따라 수십억 달러의 구제책을 마련해야 했다. 그들은 부진에 허덕이는 금융시장에 막대한 자본을 투입해서라도 '대마불사(大馬不死)'로 여겨지는' 금융기관들을 지원하고자 했다. 그러나 파탄이 난 금융 시스템으로 인해, 자본 기반 재건에 주력하는 은행들은 더이상 고액의 자금을 대출해줄 여력이 없었다(상자6). 이에 따라 전 지구적 인 신용 흐름이 경색되어 신용에 의존하던 기업이나 개인은 더이상 신용대출을 받기가 어려워졌다. 이러한 신용 부족은 많은 기업의 수익성에 타격을 주어, 기업들은 생산 감소와 직원 해고를 피할 수 없게 되었다. 세계 증시가 큰 폭으로 하락하였고, 산업생산은 감소하며 실업률은 급상승했다.

2009년 무렵 세계 금융 위기는 **대공황**으로 판명되었다. 이 위기로 인해 세계기업 가치의 33퍼센트에 해당하는 14조 3000억 달러가 증발하였다. 특히 개발도상국들은 수출 수요 감소로 심각한 타격을 입었다. 2010년대 초, 전 세계의 20대 경제 대국(G20) 정상들은 수차례 회담을 통해 전 지구적 경기 침체를 막기 위한 공동 전략을 구상했다(지도 3). 대다수 국가들이 대불황에서 서서히 벗어나고 있었지만, 세계 각국의 경제성장은 여전히 침체된 상황이었으며 실업률 또한 매우 느리게 하락하고 있었다.

세계금융위기와 뒤를 이은 대불황은 특히 유럽연합에 심각한 국가부채 위기와 은행 위기를 야기했다. 유로존(Eurozone)의 급속히 고조되는 금융 불안은 전 지구적 경제의 취약한 경기 회복을 위협했을 뿐만 아니라, 서양문명의 발상지인 그리스를 파탄 직전까지 몰고 갔다. 일명 '그리스 채무불이행 위

> **상자 6 세계 금융 위기**
>
> 세계 금융 위기에 관한 기사를 읽다보면 어마어마한 숫자들을 여기저기서 발견할 수 있다. 영어로 'Million(100만)', 'Billion(10억)', 'Trillion(1조)'은 철자가 비슷하지만 그 자릿수가 근본적으로 다르다. 초당 1달러씩 100만 달러를 쓰려면 약 12일이 걸린다. 같은 비율로 10억 달러를 쓰려면 약 32년이 걸린다. 같은 속도로 1조 달러를 사용하려면 무려 약 3만 1546년이 걸린다.

기' 사태는 2009~2010년경에 시작되었는데, 당시 그리스 정부는 수년간 국가예산적자를 과소평가하여 자금 고갈에 빠졌다고 발표하였다. 국제통화기금과 유럽중앙은행(ECB)은 그리스의 재정 파탄을 막기 위해 총 2750억 달러라는 막대한 구제금융을 내놓았다. 그러나 유럽연합의 채권단은 그 차관을 대가로 혹독한 긴축 재정을 부과했고, 이것이 또다른 경제난을 초래해 경제 안정 회복에 실패하였다. 그 결과 그리스 경제는 4분의 1로 축소되었고, 국가의 실업률은 25퍼센트까지 치솟았다. 이 재앙과도 같은 경제 상황은 긴축 재정이라는 신자유주의 정책에 대한 국민의 분노를 증폭시켰고, 그 결과 국가의 정치적 양극화가 심화되었다.

2015년 그리스의 좌파 포퓰리즘 정당인 시리자당이 선거에서 놀라운 승리를 거두면서 카리스마 넘치는 지도자인 알

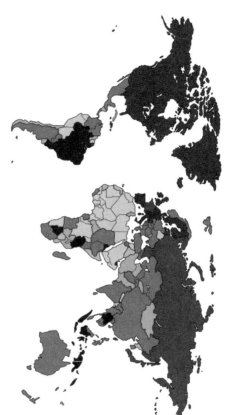

(2007~2009) 세계 금융 위기

■ 공식 불황국가(2분기 연속)
■ 비공식 불황국가(1분기)
■ 경기 둔화율 1.0% 이상 국가

□ 경기 둔화율 0.5% 이상 국가
■ 경기 둔화율 0.1% 이상 국가
□ 경기 가속화 국가

(2007~2008년, 국제통화기금(IMF)의 2008년 12월 추정치)

지도 3 전 지구적 금융 위기의 결과로 경기 침체에 빠진 국가들(2007~2009년)

렉시스 치프라스가 신임 총리로 취임했다. 치프라스 총리는 독일 주도의 유럽연합 채권단이 제안한 혹독한 구제책을 계속 거부했으며, 국민투표에서도 61%의 유권자가 구제금융에 반대하는 표를 던졌다. 그럼에도 불구하고, 그리스의 비참한 경제상황이 유럽연합의 구제책 없이는 더욱 악화될 것이라는 국민들의 우려에 결국 굴복하게 되었다. 격론 끝에 그리스 의회는 채무 감면 조치를 승인했고, 농민 증세와 공적 연금 시스템의 대폭 삭감 등 논란의 여지가 있는 조건들의 이행을 약속했다. 이에 따라 유럽연합 채권단은 3년간 수십억 달러의 막대한 차관을 제공하기로 했다. 하지만 이전과 유사한 긴축 재정 조건들이 부과되어, 그리스는 지속적인 정치적 격변과 불안에 휩싸이게 되었다.

2010년대 내내, 그리스는 국제 채권단에 의존해 재정을 유지해야 했고, 수만 명의 젊은이들이 더 큰 경제적 기회를 찾아 해외로 떠났다. 그리스 경제는 2017년에서 2019년 사이에 연평균 약 2%의 성장률을 기록하며 완만한 회복세를 보였지만, 대부분의 국민들은 생활 수준의 실질적 개선이 없다며 불만을 토로했다. 이러한 지속적인 국민들의 불만은 2019년 말 기준 18퍼센트에 달하는 높은 실업률과 맞물려 있었다. 장기적인 경제난의 결과로, 2019년 7월 선거에서 시리자당은 중도 우파인 민주당에 대패했다. 신임 총리인 하버드대 출신 변

호사 키리아코스 미초타키스는 이민 규제 강화와 함께 국가
경제를 정상화하겠다고 약속했다.

그러나 그리스의 사례는 세계적인 경제 불안과 변동성 속
에서 큰 폭의 시장 하락을 경험한 수많은 국가 중 하나에 불과
하다. 가장 주목할 만한 사건은 2016년 초 중국의 주식시장
폭락이었다. 많은 관측통들이 중국을 세계경제 활동의 9퍼센
트 이상을 차지하는 경제적 건전성의 마지막 보루로 여기고
있었기 때문이다. 불과 일주일도 안 되는 기간에 상하이 종합
주가지수는 5.3퍼센트 하락했고, 선전(深圳) 종합주가지수는
6.6퍼센트 하락했다. 중국 시장의 혼란은 전 세계 증권거래
소에도 마찬가지로 급격한 하락을 초래했다. 중국은 지난 수
년간 평균 8퍼센트에서 9퍼센트라는 역사적인 국내총생산
성장률을 기록한 후, 약간 하락한 6퍼센트에서 7퍼센트의 성
장률을 이어갔다. 그렇다고 해도 이러한 경제성장률은 서방
국가들보다 여전히 상회하는 수준이었다.

2016년의 이 불길한 중국 경제 침체는 보호무역주의 성향
의 미국 대통령 당선과 시기를 같이하였다. 세계의 주요 생산
국인 중국은 전 세계 상품 수출의 12.8퍼센트를 담당했고, 세
계 최고의 소비국인 미국은 전 세계 상품 수입의 13.2퍼센트
를 차지했다. 2018년 도널드 트럼프 대통령은 이러한 무역
불균형을 "중국이 저지른 세계 역사상 최대의 절도"라고 칭

하며, 2000억 달러 상당의 중국 제품에 10퍼센트 관세를 부과하겠다고 발표하여 본격적인 무역전쟁의 신호탄을 쏘아 올렸다. 그로부터 1년 뒤, 트럼프 정부는 2500억 달러 상당의 중국산 제품에 최대 25퍼센트의 추가 관세를 부과했으며, 차후 3250억 달러 상당의 추가 관세를 부과하겠다고 예고했다. 중국은 즉각 1100억 달러 상당의 미국 상품에 25퍼센트에 이르는 보복 관세를 부과했고, 그 과정에서 미국의 농수산물 관세는 평균 21퍼센트에서 42퍼센트로 두 배나 증가했다. 또한 시진핑 국가주석은 중국 진출 미국 기업에 영향을 미치는 징벌적 조치를 실시하겠다고 위협했다.

트럼프 대통령은 세계무역기구의 합의를 무시하고 과감하게 무역전쟁을 벌였다. 그의 관세 조치는 중국에만 그치지 않고, 멕시코, 캐나다, 일본과 유럽연합 등 전통적 동맹국에까지 확대 시행하였다. 이렇게 격화되는 무역전쟁은 전 세계 기업들의 투자를 얼어붙게 만들었고, 그 결과 전 지구적 경기 침체에 대한 우려를 증대시켰다. 이는 2008년 세계 금융 위기 이후 지속된 전 지구적 금융 변동성이 앞으로도 계속될 것임을 시사했다. 2019년 중반, 트럼프 행정부 시절에 미국 증시가 크게 오르고 실업률은 3.6퍼센트로 낮아졌다. 그러나 이와 같은 '호경기'의 실업률은 대부분 서비스업의 저임금 고용이나 30년 가까이 임금이 오르지 않은 불안정한 파트타임 고용에 기인한 것이었다. 전 지구적 경기 침체는 영국의 브렉시트(Brexit) 환경으로 상황은 더욱 악화되었다. 2008년 세계 금융 위기 이후 10년간 영국의 연평균 생산성 상승률은 0.4퍼센트라는 참담한 수준에 머물렀고, 실질 임금도 큰 폭으로 하락했다. 제8장에서는 이러한 불안정한 경제적 동향이 지구화의 미래에 무엇을 의미하는가에 대해 다시 논의할 것이다.

초국적기업의 권력

이제 경제의 지구화와 관련해 남은 두 주제인 '초국적기업의 권력 증대'와 '전 지구적 경제기구의 역할 강화'에 대해 논의해보도록 하자. 초국적기업은 제2장에서 논의한 근대 초기 상업기업의 현대적 형태로, 모회사와 여러 국가의 자회사로 이루어진 강력한 기업 조직이다. 이들은 일관된 의사결정 시스템과 공통의 전략 아래 운영되고 있다. 초국적기업의 수는 1970년 7000개에서 2018년 10만 개 이상으로 급증했다. 전 세계 산업생산의 절반 이상을 200대 초국적기업이 담당하고 있다. 월마트(Walmart), 중국석유화학공사(Sinopec Group), 중국석유(China National Petroleum), 로열더치셸(Royal Dutch Shell), 엑손모빌(Exxon-Mobil), 도요타자동차(Toyota Motor) 등이 있다. 이 200대 초국적기업의 본사는 모두 북아

기업명	산업/분야	시장가치(단위 10억$)	국가(전 세계 GDP 순위)	GDP(단위 10억$)
1. 애플(Apple)	컴퓨터 하드웨어	725	터키(18)	722
2. 엑슨모빌(Exxon Mobil)	석유가스사업	357	오스트리아(30)	373
3. 버크셔 해서웨이(Berkshire Hathaway)	투자기업/미국	356	아랍에미리트(31)	339
4. 구글(Google)	컴퓨터서비스/미국	346	남아프리카공화국(32)	317
5. 마이크로소프트(Microsoft)	컴퓨터 소프트웨어 프로그램/미국	334	말레이시아(33)	313
6. 중국석유천연가스공사(PetroChina)	석유가스사업	330	홍콩(34)	308
7. 웰스파고(Wells Fargo)	은행금융/미국	280	콜롬비아(39)	274
8. 존슨앤드존슨(Johnson&Johnson)	의약 장비 및 용품/미국	297.7	파키스탄(40)	271
9. 중국공상은행(中國工商銀行)	은행금융/중국	275	칠레(41)	240
10. 노바티스(Novartis)	의약품/스위스	268	핀란드(42)	231

표 1　초국적기업과 국가 비교 (2018)

출처: Statista, 2019년 데이터를 기반으로 작성 (https://www.statista.com/statistics/263264/top-companies-in-the-world-by-market-value; Knoema World GDP Rankings 2018 (https://knoema.com/nwnfkew/world-gdp-ranking-2018-gdp-by-country-data-and-charts); Forbes Global 2000 (http://www.forbes.com/global/2000/#15bf819336a).

메리카, 멕시코, 유럽, 중국, 일본, 한국 등에 위치해 있다. 이러한 지리적 집중은 기존의 남반구와 북반구 간 '비대칭적인 힘의 관계'를 반영한다.

이들 기업은 경제력에서 국가에 필적하며, 세계 대부분의 투자자본, 기술, 국제시장 진출 기회 등을 지배하고 있다(표 1). '매출액' 대신 '시장 가치'를 기준으로 할 경우, 상위 10개사 중 1위인 중국공상은행(中國工商銀行)을 포함한 5개사가 중국에 본사를 두고 있다. 실제로 미국과 중국 간의 격차는 좁혀지고 있다. 2019년 '포브스 글로벌 2000'에 선정된 세계 최대 초국적기업 2000개 중 미국 기업이 575개, 중국 기업이 309개다. 이들 상위 2000개의 초국적기업은 61개국에 본사를 두고 있으며, 총매출이 40조 달러 이상으로 생산 이익을 3조 2000억 달러 창출했고, 보유 자산이 186조 달러이며, 시장 가치는 무려 57조 달러에 달한다.

초국적기업들은 전 지구적 시장에서 지배력을 유지하기 위해 경쟁사와 자주 합병하곤 한다. 2018년 초국적기업은 전 지구적으로 4조 6000억 달러 이상을 지출해 인수합병을 진행했다. 이는 약 40년 전 인수합병 기록 집계 이래 최고액이었다. 최근의 대표적인 초대형 합병 사례로는, 2015년 다우 케미컬(Dow Chemical)과 듀폰(DuPont)의 1300억 달러 규모의 합병, 2015년 안호이저-부시 인베브(Anheuser-Busch

InBev)와 사브밀러(SABMiller)의 1050억 달러 규모의 '맥주 공룡기업' 탄생, 2017년 중국 최대 탄광회사인 션화(神華)그룹과 최대 석탄 화력발전사인 궈덴(國電)그룹의 2780억 달러 규모의 합병, 2019년 항공우주부문의 유나이티드 테크놀로지스(United Technologies)와 미국의 거대 방위산업체인 레이시온(Raytheon)의 1210억 달러 규모의 합병 등이 있다.

초국적기업들은 규제가 완화된 노동 시장을 바탕으로 전 지구적 운영을 공고히 하고 있다. 지구 남반구의 저렴한 노동력과 자원, 유리한 생산 여건을 활용하여 기업의 기동성과 채산성을 높이고 있다. 이들 기업은 세계무역의 70퍼센트 이상을 차지하며, 해외직접투자의 중심축 역할을 한다. 2019년판 유엔무역개발회의(UNCTAD)의 세계투자보고서에 따르면, 초국적기업들이 2019년 수주한 세계의 해외직접투자는 무려 1조 5000억 달러에 이른다.

의심할 여지 없이 초국적기업의 막대한 영향력은 세계경제의 구조와 기능을 크게 변화시켰다. 초국적기업들과 이들의 전 지구적 전략은 무역 흐름, 산업의 입지, 기타 전 세계 경제 활동의 주요 결정 요인이 되고 있다. 특히 제조 공정을 전 세계의 다양한 장소에서 여러 단계로 분산시키는 능력은 경제생산의 지구화를 촉진했다. 월마트, 제네럴 모터스(General Motors), 폭스바겐(Volkswagen) 등과 같은 초국적기업들은, 초

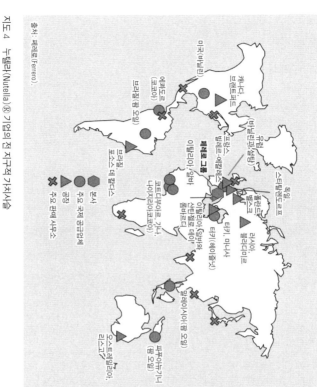

지도 4　누텔라(Nutella)® 기업의 전 지구적 가치사슬

출처: 페레로(Ferrero).

미국(버터넛)

캐나다,
브랜트포드

에콰도르
(코코아)
브라질(팜 오일)

영국
포스워 네 캄더스

프랑스,
빌레르-에크발레스

독일,
스타텔렌(본사)

동유럽,
러시아 동유럽, 스테드나드로프

이탈리아, 알바
누텔라 생산지

코트디부아르, 가나,
나이지리아(코코아)

이탈리아 동부지역,
발라(팜 오일)

터키, 마니사

타키(헤이즐넛)

러시아,
블라디미르

오스트레일리아,
리스고

콩고
(팜 오일)

파푸아뉴기니
(팜 오일)

본사
주요 국제 공급업체
공장
주요 판매 사무소

102

국가적인 기업 네트워크를 통해 생산 공정을 분리가능한 부품 단계로 분해하여 전 세계에 분산시켰다. 이와 같은 '지구적 가치사슬'은 전 지구적으로 더 신속하고 효율적인 제품 유통 및 마케팅을 가능하게 하고 있다(지도 4).

2011년, 4만 3060개의 초국적기업 간의 주식 소유관계를 분석한 획기적인 연구가 발표되었다. 이 조사에 따르면, 비교적 소수의 1318개 기업이 주식을 통해 세계 대형 우량기업과 제조기업 대부분을 공동 소유하고 있었다. 더욱이 이들 중 훨씬 더 적은 147개 초연결기업이 전체 네트워크 자산의 총 40퍼센트를 지배하고 있었으며, 그 상당수가 바클레이즈은행(Barclays Bank)과 같은 금융기관이었다. 역설적으로 2012년 7월 금융권을 뒤흔든 거대 스캔들의 중심에 바로 바클레이즈은행이 있었다. 이 은행을 포함한 다른 15대 은행들이 세계 경제에서 대단히 중요한 금리를 오랜 세월에 걸쳐 조작한 것으로 드러났다. 마찬가지로, 월마트는 2019년 매우 유리한 조건으로 지구 곳곳에 새로운 생산 거점을 개설하기 위해, 외국 정부의 고위 관계자에게 불법 뇌물수수를 한 것이 밝혀졌다. 월마트는 미국 해외부패행위방지법을 위반했음을 인정했고, 이로 인해 2억 8200만 달러의 과징금이 부과되었으나 이는 2018년에 취한 70억 달러의 막대한 이익에 비하면 극히 미미한 액수다.

국제경제기구의 강화된 역할

경제의 지구화 맥락에서 가장 주목받는 3대 국제경제기구는 국제통화기금(IMF), 세계은행(World Bank), 세계무역기구(WTO)이다. 이 기구들은 지구의 북반구와 남반구 간의 거대한 힘의 차이에 의해 유지되는 전 지구적 경제 규칙을 제정·집행하는 특권적 지위를 누리고 있다. 세계무역기구에 대해서는 제7장에서 자세히 논의할 것이므로, 여기서는 다른 두 기관에 중점을 두고자 한다. 앞서 지적한 것처럼, 국제통화기금과 세계은행은 '브레턴우즈체제'에서 탄생했다. 냉전시대에 이들 기관이 개발도상국에게 대출을 해주려고 했던 주요 이유는 공산주의를 억제하려는 서방의 정치적 목적과 결부되어 있었다. 1970년대 이후, 특히 소련의 붕괴 이후에 국제통화기금과 세계은행의 경제적 의제는 주로 전 세계의 시장 통합과 규제 완화로, 신자유주의적 이익을 크게 지지하는 것이었다(상자7).

국제통화기금과 세계은행은 개발도상국에 긴급 차관을 지원해주는 대가로, 해당 채무국에게 **구조조정 프로그램** 시행을 요구했다. 1990년대 개발도상국에 도입된 이 일련의 신자유주의 정책은 흔히 '워싱턴 합의(Washington Consensus)'라고 불린다. 이는 1970년대 국제통화기금의 고문이었던 존 윌리엄슨(John Williamson)이 고안하고 체계화한 것이었다. 워

상자 7 핀란드 경제에서 노키아의 역할

노키아는 핀란드 서남부의 작은 마을의 이름을 딴 회사로, 1871년 창업 이후 휴대전화 제조와 인터넷 산업의 융합을 일구어낸 세계 최대의 초국적기업으로 성장했다. 노키아는 1998년 전 세계에 무려 4100만 대의 휴대전화 판매라는 놀라운 기록을 세웠다. 금세기를 맞이해, 노키아의 제품들은 10억 명이 넘는 전 지구의 사람을 '보이지 않는 그물망(Web)'으로 연결했다. 노키아는 핀란드 경제의 원동력으로 2만 2000명의 내국인을 직접 고용하였고, 하청기업을 통해 추가로 2만 명의 고용을 창출하였다. 이 회사는 국가 주식시장 가치의 3분의 2와 국가 전체 수출액의 5분의 1을 차지했다. 그러나 노키아가 핀란드에 준 선물, 즉 '세계에서 가장 상호연결성이 높은 국가'라는 영예는 경제적 의존이라는 대가를 수반하였다. 노키아는 핀란드 세수의 대부분을 창출했고 연간 매출액은 전체 국가 예산과 맞먹었다.

그러나 2000년대 후반 세계 금융 위기의 여파로 노키아의 성장률이 둔화되자 2012년 1만 명의 직원을 해고하고 일부 핀란드 공장을 폐쇄하였다. 이 과정에서 노키아는 핀란드 정부에 법인세율 인하를 요구하여 관철시켰다. 많은 핀란드 국민은 소수의 노키아 경영진의 영향력으로 인해 국가의 관대하고 평등주의적인 복지 시스템을 해치는 세제 혜택이 주어졌다고 불만을 제기했다. 노키아는 이후 경제난으로 추가 감원을 단행했고, 결국 2014년 휴대전화 사업을 마이크로소프트사에 매각했다. 그러나 핀란드 정부에서 받은 세제 혜택으로 네트워크 장비와 혁신적인 무선 기술에 집중하는 새로운 사업 계획을 수립하고 실행할 수 있는 시간을 확보할 수 있었다. 이를 바탕으로 노키아는 이후 프랑스 통신회사인 알카텔-루

슨트(Alcatel-Lucent)를 200억 달러에 인수하고, 2017년 휴대전화 및 스마트폰 시장에 복귀할 수 있었다. 노키아는 2018년까지 130개국에서 10만 3000여 명 이상의 직원을 고용할 만큼 급성장했고, 회사 매출액은 무려 260억 달러에 이르게 되었다.

싱턴 합의의 여러 조항들은 1970년대에서 1980년대에 막대한 외채를 지고 있는 국가들을 겨냥했다. 존 윌리엄슨이 구상한 틀의 공식적 목적은 개발도상국들이 채무를 원활히 상환할 수 있도록 그들의 내부경제 메커니즘을 개혁하는 것이었다. 그러나 실질적으로 워싱턴 합의의 조건은 새로운 형태의 식민지배를 규정한 것과 다를 바 없었다. 각국 정부가 차관을 얻기 위해서는 존 윌리엄슨이 정의한 다음 열 개 항목의 구조조정 프로그램을 실시해야 했다.

1. 재정 : 재정 건전성 확보와 적자의 최소화
2. 공공 지출 삭감 : 특히 국방과 행정 지출 삭감
3. 조세제도 개혁 : 과세 기반 확대와 효과적인 징수 시스템 구축
4. 금융 자유화 : 금리의 시장 결정 허용
5. 환율 : 수출증대를 위한 경쟁력 있는 환율 채택

6. 무역의 자유화 : 수입 허가 폐지와 관세 인하

7. 해외직접투자 촉진

8. 공기업의 민영화 : 효율적 경영과 실적 개선을 위한 방안

9. 경제 규제 완화

10. 재산권 보장

이 프로그램이 워싱턴 합의라 불리게 된 것은 우연이 아니다. 왜냐하면 이는 처음부터 미국이 국제통화기금과 세계은행을 주도하는 핵심 세력이었기 때문이다.

그러나 유감스럽게도 국제통화기금과 세계은행이 제공한 '개발 차관'의 상당 부분이 부적절하게 사용되었다. 남반구의 독재정치지도자들에게 횡령되거나, 이들 기관과 연관된 현지의 기업이나 북반구의 기업의 이익 증대에 활용되었다. 때로는 부실한 건설사업에 터무니없이 많은 자금이 투입되기도 했다. 가장 심각한 문제는 구조조정 프로그램이 채무국 사회의 실질적 발전을 거의 이끌어내지 못했다는 점이다. 왜냐하면 공공 지출의 의무적인 삭감은 사회제도 축소, 교육 기회의 감소, 환경오염 확대, 대다수 국민의 빈곤 확대로 이어졌기 때문이다.

일반적으로 개발도상국의 예산에서 가장 큰 비중은 미지급 채무 상환에 사용되고 있다. 실제로 신흥국과 개발도상국

의 총외채는 1970년 702억 달러에서 2013년 6조 8000억 달러로 급증했다. 2018년 '주빌리 부채 탕감 캠페인(Jubilee Debt Campaign)'의 분석에 따르면, 데이터가 입수된 126개 개발도상국의 평균 외채 상환액은 2017년 정부 세입의 10.7퍼센트로 증가하여, 2004년 이후 최고 수준에 이르렀다. 세계은행과 경제협력개발기구(OECD)의 집계에 따르면, 2010년 개발도상국은 1840억 달러의 채무를 변제한 반면, 원조는 1340억 달러에 그쳤다. 같은 해 지구 남반구의 공적 대외 채무는 1조 6000억 달러였다. 이는 거액처럼 들릴 수도 있으나, 2008년 세계 금융 위기 이후 미국 정부가 은행 구제에 투입한 29조 달러의 5퍼센트에 불과한 금액이다. 국제통화기금과 세계은행은 '제3세계 채무철폐위원회'나 '주빌리 부채 탕감 캠페인' 같은 반기업적 지구화 세력의 지속적인 압박에 떠밀려, 최근에서야 특정 상황에서 채무를 전면 면제하는 새로운 정책을 검토하기 시작하였다.

지금까지 살펴본 바와 같이, 지구화의 경제적 차원은 정치적 과정 및 제도의 분석과 따로 분리해 논의하기 어렵다. 왜냐하면 전 지구적 경제의 상호연결성 강화나 이에 대한 최근의 도전은 갑작스럽게 떨어진 것이 아니라, 오히려 정치적 의사결정과 함께 작동하는 일련의 과정이기 때문이다. 따라서 이 장의 마무리에 지구화 연구에서 경제의 중요성은 인정하면서도, 지구화의 핵심 측면을 단순히 경제활동의 확대로 간주하는 일면적 해석은 문제가 있음을 지적하고자 한다. 예를 들어, 전 지구적 상호연결성 형성에 미치는 **정치**의 영향력을 고려할 때, 지구화의 정치적 차원에 대한 보다 심도 있는 탐구가 필요하다.

제 4 장

지구화의
정치적 차원

정치적 지구화는 전 지구적인 정치적 상호관계의 강화와 확장을 의미한다. 이 과정은 국가주권의 원칙, 정부 간 조직의 영향력 증대, 지역 및 지구적 거버넌스의 미래 전망, 전 지구적 이주의 흐름과 관련된 일련의 중요한 정치적 문제들과 밀접하게 연결되어 있다. 분명히 이 주제들은 국민국가의 틀을 초월한 정치체제의 진화에 부응하는 것이며, 그 결과 개념적·제도적으로 새로운 정치적 지평을 열고 있다.

지난 2세기에 걸쳐, 인류는 특정 국민국가에 대한 '귀속의식'을 만들어내는 영토선을 따라 정치적 차이를 조직해왔다. 17세기 유럽의 주권과 영토 원칙에 기반한 근대 국민국가의 체제는 제1차세계대전이 끝날 무렵, 우드로 윌슨 미국 대통령의 유명한 민족자결주의 **14개 조항**의 멋진 표현에서 잘 드러난다. 그러나 '모든 형태의 국가 정체성은 주권, 국민과 함께 영토로 구성된다'는 윌슨의 전제는 실제로 구현하기 매우 어려운 것으로 판명되었다. 더욱이 윌슨이 제안한 국가 간 체제(interstate system)는 국민국가를 윤리적·법적 정점으로 규정함으로써, 세계를 제2차세계대전으로 몰고 간 급진적 국가주의 세력에게 의도치 않게 정당성을 부여하고 말았다.

이와 같이 지구의 사회적 공간을 '국내'와 '국외'로 인위적으로 분할하는 방식은 사람들의 국가적 상상력에 부응하며, 공통된 '우리'와 낯선 '그들' 간의 대립을 기반으로 한 집단적 정체성을 형성하게 된다. 따라서 근대 국민국가의 체제는 심리적 기반과 문화적 전제 위에 자리잡고 있으며, 이를 바탕으로 국민에게 존속의 안정감과 역사적 연속성을 알리는 동시에 애국을 위해 모든 시련을 견뎌낼 것을 요구한다. '외부인'이나 '외국인'을 악마화하는 이미지에 의해 길러진 자국의 우위성에 대한 신념은, 대규모 전쟁에 필요한 심리적 에너지를 공급해왔다. 이는 마치 지난 세기 근대 국가가 막대한 생산 능력을 통해 전쟁에 필요한 물질적 자원을 제공한 것과 비슷하다.

윌슨 대통령의 또다른 주요 구상인 국제적 협력의 제도적 표현인 **국제연맹**(League of Nations)은 1945년 **국제연합**의 설립으로 뒤늦게나마 실현되었다(그림 8). 국제연합과 다른 신

생 국제기구들은 근대 국민국가체계에 뿌리를 두면서도, 정
치활동을 국경을 넘어 점차 확장하는 촉매 역할을 했다. 곧,
이 기구들은 국가 주권의 원칙을 인정하면서도 동시에 그 원
칙을 약화시키는 역설적인 역할을 해왔다.

1970년대와 1980년대 지구화의 경향이 강화되면서, 개
별 국가들로 이루어진 국제질서는 기존의 국가주권 형태에
도전하는 전 세계적인 정치적 상호의존의 네트워크에 직면
하게 되었다. 이러한 경향을 인식한 많은 지구화 연구자들은
1990년대 이후 정치, 규율 제정, 거버넌스(governance)[12]에서
급진적인 비영토화가 진행되었다고 지적한다. 실제로 이 주
제에 관한 초창기 **초(超)지구화론자**(hyperglobalist)의 베스트
셀러들은, 지구화가 국민국가를 소멸시켜 되돌릴 수 없도록
하는 강대한 힘이라는 이미지를 독자들에게 심어주었다. 대
표적인 사례로 일본 경영 컨설턴트 오마에 겐이치(大前研一)
의 『국가의 종말』(1995)과 〈뉴욕타임스〉 칼럼니스트 토머스
프리드먼(Thomas Friedman)의 『렉서스와 올리브나무』(1999)
를 들 수 있다. 반면, **지구화 회의론자들**은 이러한 주장은 시기
상조이거나 잘못된 견해일 뿐이라고 일축했다. 그들은 국가
가 여전히 현대 사회에서 정치적 중심으로서 중요한 역할을
하고 있다고 주장하며, 지역 블록의 출현을 새로운 형태의 지
구 하위적(subglobal) 영토화의 증거로 지적한다. 이러한 비평

8 UN 안전보장이사회 회의

가들 중 일부는 지구화가 오히려 사람들의 국적 원칙에 대한 애착을 강화한다고 주장한다. 초지구화론과 지구화회의론은 정치적 요인의 상대적 중요성에 대한 견해차를 바탕으로, 근대 국민국가의 운명에 대해 다르게 평가한다.

이러한 의견 차이로부터 정치적 지구화의 범위를 판단할 수 있는 세 가지 중요한 질문을 도출할 수 있다. 첫째, 국경을 초월한 자본, 인력, 기술의 대규모 흐름으로 인해 국민국가의 힘이 실제로 축소되고 있는가? 둘째, 이러한 흐름의 주된 원인은 정치인가? 아니면 경제인가? 셋째, 우리는 새로운 전 지구적 거버넌스 구조의 출현을 목격하고 있는가? 이 장에서는 이러한 질문들을 차례대로 고찰해보고자 한다.

국민국가의 종말?

오마에 겐이치와 토머스 프리드먼과 같은 초지구화론자들은 국민국가의 종말에 대한 질문에 긍정적으로 답한다. 그들은 정치적 지구화를 보다 근본적인 경제적·기술적 힘에 의해 야기되는 2차적 현상으로 간주한다. 초지구화론자들은 멈출 줄 모르는 기술경제의 거대한 힘이 국민국가를 거의 무력화시킬 것이라고 주장한다. 왜냐하면 기술 경제가 정부가 규제나 제한을 재도입하려는 모든 시도를 무력화시키기 때문이라는 것이다. 초지구화론자들은 경제가 정치를 뛰어넘는 독자적인 논리를 갖게 됨에 따라, 정부의 주된 역할이 전 지구적 자본주의를 촉진하는 초전도체와 같은 역할을 하게 될 것이라고 예상한다.

초지구화론자들은 '국경 없는 세계'의 출현을 선언하며, 지구화를 정치적·사회적 변화를 이해하는 데 의미 있는 개념으로 규정한다. 즉, 지구화의 개념을 통해 영토 경계의 필연적 쇠퇴를 대중에게 이해시키려고 한다. 이들의 주장에 따르면, 정치권력은 더이상 영토 기반의 국가에 국한되지 않고, 전 지구적 사회 형성과 네트워크를 통해 위치되고 표현된다. 심지어 초지구화론자들은 국민국가가 이미 전 지구적 경제에서 주도적 역할을 상실했다고 주장한다. 그들은 영토 구분의 중요성이 감소함에 따라 국가가 국경 내 사회생활의 방향을 결정하는 능력을 점차 상실하고 있다고 본다. 예를 들면, 전 지구적 구조가 개별 국가의 환율 통제나 자국 통화 보호 능력을 넘어서기 때문에, 국민국가는 초국가적 차원에서 이루어지는 경제적 선택에 따라 부과되는 규율에 취약해지고 있다는 것이다.

지구화 회의론자들인 폴 허스트(Paul Hirst)나 그레이엄 톰슨(Grahame Thompson) 같은 이들은 초지구화론자들의 주장에 반대한다. 이들은 지구화 과정에서 정치의 중심적인 역할, 특히 정치권력의 성공적 결집의 중요성을 강조한다. 이들의 견해에 따르면, 전 지구적 경제활동의 급속한 확대는 시장의 자연법칙이나 컴퓨터 기술의 발전만으로 설명되지 않는다. 오히려, 이는 1970년대 후반부터 1990년대까지 신자유주의적인 각국 정부가 실시한 국제자본 규제완화라는 정치적 결정에서 비롯되었다는 것이다. 이러한 정치적 결정이 시행된 후에야 세계적인 시장과 신기술이 그 진가를 발휘하게 되었다는 입장이다. 이 관점은 국가의 영토가 여전히 중요하다는 점을 강조한다. 따라서 지구화 회의론자들은 근대적 국민국가나 이와 결부된 세계도시와 같은 형태로 활동하는 기존의 정치적 단위가 여전히 유효하다고 주장한다.

초지구화론자와 지구화 회의론자의 논쟁은 마치 '닭이 먼저냐, 달걀이 먼저냐'와 같은 골치 아픈 문제와 비슷하다. 경제적인 상호의존의 형태는 정치적인 결정으로 시작되지만, 그 결정은 특정한 경제적 맥락 가운데 이루어지기 때문이다. 앞에서 지적했듯이, 지구화의 경제적 측면과 정치적 측면은 긴밀하게 연결되어 있다. 그러나 자본은 과세 체계나 그 밖의 국가 정책의 제약에서 쉽게 벗어날 수가 있다. 예를 들어, 2016년 (약 1200만 건의 기밀문서가 유출된) **파나마 문서**는 정부 고위 관리를 포함한 부유층이 파나마의 역외(offshore)기업에 자산을 은닉해 국가의 소득세를 어떻게 회피하는지를 보여준다. 또한 전 지구적 시장은 종종 정부의 독립적인 국내 정책 목표 설정 능력과 독자적인 국내 기준 부과 능력을 약화시킨다. 그렇다면 주권 주체로서의 국민국가가 쇠퇴함에 따라, 국가 권력이 지방정부 및 초국가기관으로 이양되는 것이 자연스러워 보인다. 그러나 제7장에서 논의하게 될 현재의 포퓰리즘 정치 세력의 급증은, 정치적 지구화가 불가역적인 과정이 아님을 시사한다.

정치적 지구화와 이주

거듭 말하지만, 지난 30년간 국민국가의 상대적 쇠퇴가 반드시 정부가 지구적 힘의 작용에 무력한 방관자가 되었음을 의미하는 것은 아니다. 국가는 여전히 자국의 경제를 전 지구적 투자자에게 매력적인 것으로 만들기 위해 중요한 조치를 취할 수 있다. 또한, 국가는 교육, 공공 기간시설, 외교 정책에 대해 지속적으로 통제해왔다. 그럼에도 불구하고, 실체화된 지구화와 결부된 인구 이동의 급증은 이민 관리, 인구 등록, 국가 안보 규정 등과 같은 국민국가의 핵심 권한에 도전하고 있다. 국제 이주자 수는 2017년에 2억 5800만 명에 이르렀는데, 이는 2000년 이후에 8500만 명이 증가한 수치이다(그림 C). 세계 인구의 약 3.4퍼센트가 출신국 이외에서 생활하고 있기 때문에, 이민 관리는 대부분의 선진국에서 중심적인 과제가 되고 있다. 많은 정부가 인구 유입을 제한하고자 하는데, 특히 남반구의 저개발 국가 출신자들에 대한 제한이 두드러진다. 미국에서도 2010년대 연간 약 120만 명의 합법적인 영주 이민자들이 유입되었는데, 이는 20세기 전반 20년간의 기록에 훨씬 미치지 못하는 수준이다.

국경을 넘는 이주의 흐름이 증가하는 가운데, 이에 대처하는 국가의 어려움을 최근 사례인 **시리아 난민 위기**를 통해 생각해보자. 이 위기는 2010년대 초에 시작되었다. 시리아의 독재자 바샤르 알아사드가 블라디미르 푸틴 러시아 대통령의 지원을 받아, 민주화를 요구하는 '아랍의 봄' 시위대를 반정부 세력으로 규정하며 대립한 것이 발단이었다. 이로 인해 시리아는 순식간에 전면적인 내전에 돌입했고, 이후 5년간 25만 명 이상이 사망했다. 끊임없는 전투는 그야말로 장대한 인도주의적 위기를 초래했다. 2016년까지 총인구 2300만 명 중 약 600만 명이 국내 피난민이 되었고, 약 500만 명이 신변의 안전과 경제적 기회를 찾아 국외로 탈출했다(지도 5). 시리아 난민 대부분은 인접한 요르단, 레바논, 이라크, 튀르키예의 난민 캠프에 수용되었다. 하지만 100만 명 이상이 더 나은 미래를 위해, 터키에서 그리스로 지중해를 횡단하는 위험한 여정을 감행하며, 부유한 유럽연합 국가로의 진입을 시도했다.

특히 독일은 난민들이 가장 선호하는 목적지로 떠올랐다.

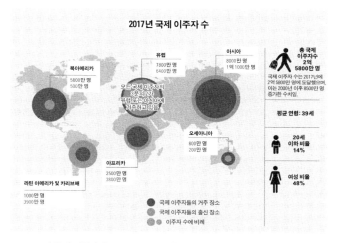

2017년 국제 이주자 수

북아메리카
5800만 명
500만 명

유럽
7800만 명
6400만 명

아시아
8000만 명
1억 1000만 명

모든 국제 이주자의
3분의 2가
유럽 또는 아시아에
거주하고 있음

오세아니아
800만 명
200만 명

아프리카
2500만 명
3800만 명

라틴 아메리카 및 카리브해
1000만 명
3900만 명

**총 국제
이주자수
2억
5800만 명**
국제 이주자 수는 2017년에
2억 5800만 명에 도달했으며,
이는 2000년 이후 8500만 명
증가한 수치임.

평균 연령: 39세

**20세
이하 비율
14%**

**여성 비율
48%**

● 국제 이주자들의 거주 장소
● 국제 이주자들의 출신 장소
● 이주자 수에 비례

ⓒ 2017년 국제 이주자 수

121

앙겔라 메르켈 총리가 이끄는 보수적인 독일 정부는 2015년 한 해에만 100만 명 이상의 정치 난민을 수용하며, 엄청난 용기와 배려를 보여주었다. 이중 절반 이상이 시리아 출신이었다. 시리아 이민자들은 체류 신청의 신속한 승인을 기대하며, 그리스에서 마케도니아, 세르비아, 크로아티아, 헝가리, 슬로베니아, 오스트리아를 경유해 최종 목적지인 독일에 이르는 긴 여정을 감행해야 했다. 헝가리 등 일부 유럽연합 국가들은 난민들을 자국의 영토에서 몰아내기 위해 비인도적 정책과 극단적 조치를 시행하였다. 그러나 급히 설치된 수 마일에 걸친 국경 장벽은 이러한 대규모 인구 이동을 막는 데 전혀 효과가 없었다.

시리아 난민 위기는 유럽연합의 현행 이민 협정이 각국의 선호에 기반을 둔 불충분한 제도임을 명확히 드러냈다. 유럽연합의 핵심국 간 국경 개방을 규정한 이른바 **솅겐협정** (Schengen Agreement)은, 이러한 위기 상황에 대처하기 위한 견고성과 포괄성이 결여되어 있었다. 각국 정부 간 정책 차이가 두드러짐에 따라, 일부 회원국은 협정에서 일시적으로 이탈하여 보다 엄격한 국경 관리를 부활시켰다. 또한, 난민 수용 인원에 자의적인 제한을 두고 협조적인 접근을 하지 않으려는 나라도 있었다. 대량 이민 유입에 효과적으로 대처하지 못한 유럽연합은 회원국 간 이민 정책의 차이로 심각한 정치

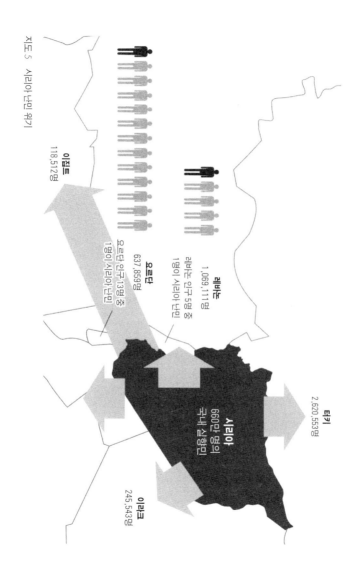

지도 5 시리아 난민 위기

이집트
118,512명

요르단
637,859명

요르단 인구 13명 중
1명이 시리아 난민

레바논
1,069,111명

레바논 인구 5명 중
1명이 시리아 난민

터키
2,620,553명

이라크
245,543명

시리아
6604만 명의
국내 실향민

적 분열을 겪었다.

게다가 시리아 난민 위기는 기존의 문화적 균열과 종교적 편견을 가시화했다. 예를 들면, 폴란드, 슬로바키아, 헝가리 등 일부 유럽연합 회원국에서는 정부 각료가 '유럽의 이슬람 화'에 대한 반대를 공개적으로 언급하며, 소수의 기독교도 난민만을 수용하겠다고 밝혔다. 반면, 독일과 오스트리아에서는 자유주의적인 정치적 망명 조치에 대해 찬성과 반대가 거의 동수로 나뉘어 국민 정서의 양극화가 나타나기도 했다. 또 영국의 친브렉시트 세력은 2016년 국민투표 캠페인에서 시리아 난민 위기를 이용하여, 대량 이민을 막기 위해서는 유럽연합을 탈퇴할 수밖에 없다고 주장하기도 했다.

그러나 시리아 난민 위기는 이와 유사한 이주 동향을 보여주는 여러 사례 중 하나에 불과하다. 유엔의 최신 통계에 따르면, 2018년 전 세계 난민 수가 역대 최고인 7100만 명에 이르렀다. 대표적인 예로, 미얀마에서 시민권을 박탈당한 70만 명의 이슬람계 소수민족인 로힝야족의 강제 추방과, 미국에 정치적 망명을 요구하는 수십만 명의 중앙아메리카 난민을 들 수 있다. 특히 후자의 경우, 세계에서 가장 자유주의적인 이민 수용국으로 알려진 미국이 자국의 폭력에서 벗어나려는 합법적 정치 난민들을 막기 위해, 이른바 **무관용 원칙**을 적용해 그들을 불법 이민자로 처리한 점 때문에 주목받았다. 실

제4장 지구화의 정치적 차원

제로 트럼프 행정부는 수천 명의 난민 아이들을 가족으로부터 떼어놓는 이례적인 조치까지 시행했다. 일부 비평가에 따르면, 이 아이들은 '강제수용소'와 같은 열악한 이민 수용시설에 놓여 있었다. 그리고 대부분이 부모의 동의 없이, 가족과의 안전한 재회를 위한 적절한 추적 메커니즘도 제공되지 않은 채 미국 전역의 위탁시설로 옮겨졌다(그림 9).

마지막으로, 급증하는 전 지구적 이주 동향은 국가 안보라는 중요한 문제로까지 이어진다. 예를 들면, 이라크·시리아 이슬람국가(ISIS)[13]나 알샤바브(al Shabaab)[14]와 같은 지하디스트(jihadist)[15] 이슬람주의 집단에 소속된 국제 테러 조직의 흉악한 공격은, 기존의 **국가 안보** 절차와 규정의 불충분함을 여실히 드러냈다. 이들 테러 조직은 2017년 맨체스터 경기장 폭탄 테러, 2018년 나이지리아 도시 무비에서의 자살 폭탄 테러, 2019년 스리랑카 부활절 폭탄 테러 등을 자행했다. 이처럼 테러 및 범죄 조직이 전 지구화됨에 따라, 각국 정부는 새로운 형태의 국제협력에 참여하지 않을 수 없게 되었다. 이를 통해 정치적 지구화가 야기하는 '역설적 효과'를 관찰할 수 있다. 국가는 여전히 중요하지만, 한편으로 기존의 주권과 불간섭에 대한 주장을 약화시키는 새로운 초국가적 실천을 점점 더 피할 수 없게 되었다(상자 8).

정리하면, 국민국가의 종말이 임박했다고 섣불리 판단해서도 안 되겠지만, 동시에 국민국가가 그 전통적인 기능을 수행하는 데 점점 더 어려움을 겪고 있다는 사실도 인정해야 한다. 현대의 지구화는 국내 정책과 대외 정책 사이의 기존 경계를 약화시키는 한편, 초국가적 사회 공간과 제도의 성장을 촉진하고 있다. 그 결과, 우리에게 익숙한 정치 체계와 문화 전통 모두를 뒤흔들고 있다. 21세기가 진행됨에 따라, 전 세계인은 근대적 국민국가 체계에서 지구적 거버넌스 구조로 이행되는 과도기에 살고 있다는 인식을 더욱 강하게 갖게 될 것이다. 왜냐하면, 전 지구적 문제에 대처하기 위해서는 지구적 거버넌스 구조의 역동성을 강화할 필요가 있기 때문이다.

정치적 지구화와 지구적 거버넌스 [16]

정치적 지구화는 국제형사재판소(ICC)나 국제법위원회(ILC)와 같은 초국가적 기관이나 협회의 부상에서 가장 뚜렷하게 확인된다. 이들은 여러 국가의 공통 규범과 이해관계로 연결되어 있다(그림 D). 지구적 거버넌스의 초기 단계에서 형성된 이러한 정치적 구조들은, '다양하게 상호 연관된 권력 중심의 네트워크'[16]와 유사하다. 여기에는 시군구 및 지방 정부, 지역 블록, 국제기구, 그리고 국내 및 국제 민간 부문 단체 등이 포함된다.

♀ 텍사스 엘파소의 임시 미국 구금소 뒤에 있는 중앙 아메리카 이민자들과 어린이들
(2019년 3월 29일)

상자 8 국가의 통제력 상실?
러시아의 2016년 미국 대통령 선거 개입

2016년 미국 대통령 선거에 대한 러시아 정부의 조직적이고 광범위한 개입 시도는 국가가 개방적이고 공정한 선거를 조직하고 관리하는 가장 기본적인 기능조차 통제하는 데 어려움을 겪고 있음을 보여주는 대표적 사례이다. 다음은 특별 검사 로버트 스원 뮬러(Robert Swan Mueller) 3세가 발표한 2019년 공식 보고서의 주요 내용은 다음과 같다.

러시아 정부의 공작 증거는 2016년 중반부터 드러나기 시작했다. 6월 민주당 전국위원회와 그 사이버 대응팀은 러시아 해커들이 위원회의 컴퓨터 네트워크에 침입했다고 공개적으로 발표했다. 같은 달, 해킹된 자료가 공개되기 시작했고, 이는 곧 러시아 정부의 소행으로 보도되었다. 지난 7월에는 위키리크스(WikiLeaks)를 통해 추가 자료가 공개되었고, 10월과 11월에도 연이어 공개되었다. …… 본 보고서에 자세히 나와 있듯이 특별 검사의 수사는 러시아가 주로 두 가지 작전을 통해 2016년 대선에 개입했음을 확인했다. 첫째, 러시아의 한 조직이 대선 후보인 도널드 트럼프를 지지하고 대선 후보 힐러리 클린턴을 비방하는 소셜미디어 캠페인을 실시했다. 둘째, 러시아 첩보기관이 클린턴 캠프의 단체, 직원, 자원봉사자의 컴퓨터에 침입해 문서를 탈취하고 이를 공개했다.

시·군과 도(道)·주(州)의 수준에서 지방자치단체 간의 국경을 초월한 정책 구상이나 연계가 현저히 증가하고 있다. 예를 들면, 중국의 성(省)과 미국의 주는 상설 대표부나 연락 창구 등을 설치했고, 이들 중 일부는 각국 중앙정부의 감시를 거의 받지 않고 비교적 자율적으로 운영되고 있다. 캐나다, 인도, 브라질의 여러 주와 연방정부는 독자적인 무역 의제나 대출을 위한 재무 전략을 수립하고 있다. 지방자치단체 차원의 국제협력 사례로는 '세계 대도시협회'[17]와 같은 강력한 도시 네트워크의 성장을 들 수 있다. 이 협회는 국경을 넘어 공통의 지역 문제에 대처하기 위한 협력 사업을 전개하고 있다. 홍콩, 런던, 뉴욕, 상하이, 싱가포르, 시드니, 도쿄 등과 같은 이른바 **세계적 도시들**은, 어떤 면에서는 각국 정부보다 서로 더 밀접한 관계에 있다고 할 수 있다.

지역 수준에서도 다자간 조직이나 협정이 급격히 증가하고 있다. 아시아태평양경제협력체(APEC)나 동남아시아국가연합(ASEAN)과 같은 지역 협회나 국경을 초월한 기관이 세계 각지에 등장하고 있다. 이에 따라 지역 네트워크가 머지않아 국민국가를 대체하여 거버넌스의 기본 단위가 될 것으로 예측하는 이들도 있다. 이들 지역 블록은 지역경제 통합을 목표로 시작되었지만, 일부 경우에는 이미 공통의 거버넌스 기관을 갖춘 정치 연방으로 점진적으로 진화하고 있다. 예를 들어, 유럽경제공동체는 1950년 로베르 쉬망 프랑스 외무장관이 프랑스와 독일의 석탄과 철강 생산을 규제하기 위한 초국가적 기관 창설을 조심스럽게 제안하면서 시작되었다. 그로부터 70년이 지난 2019년 현재 유럽연합 28개 회원국[18]은 공통의 공공 정책을 수립하며, 구속력 있는 안보체제를 구축하는 긴밀한 공동체를 형성하고 있다. 21세기 초반 10년 동안, 과거 공산주의 국가였던 몇몇 국가들이 유럽연합에 가입해 현재는 라트비아, 루마니아, 키프로스까지 동쪽으로 퍼져 있다(지도 6). 그러나 제8장에서 더 자세히 논의하겠지만 이러한 확장적인 동향이 무조건인 것은 아니다. 브렉시트를 지지한 2016년 영국의 국민투표와 그에 따른 브렉시트 이행 조건을 둘러싼 치열하고 장기화된 정치투쟁은, 수십 년에 걸친 지역 수준의 협력 과정이 중단되고 역전될 수 있음을 분명하게 보여주고 있다.

전 지구적인 수준에서 각국 정부는 국제연합(UN), 북대서양 조약 기구(NATO), 세계무역기구(WTO), 경제협력개발기구(OECD) 등 수많은 국제기구를 설립하고 있다. 이들 조직의 법적인 공식 가입 자격은 국가에만 부여되며, 의사결정권은 각국 정부의 대표에게 있다. 이러한 국경을 초월한 조직의 급증은 국민국가가 광범위한 사회적 상호의존 네트워크를 관리하는 것이 점점 어려워지고 있음을 보여준다.

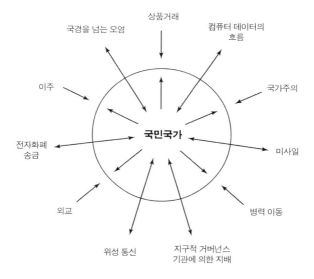

D 지구화 시대의 국민국가

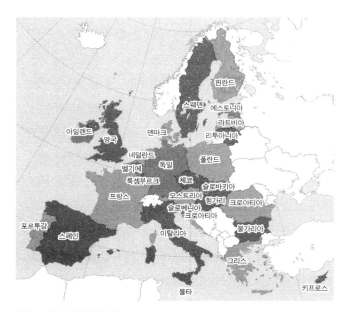

지도 6   2019년의 유럽연합

마지막으로, 지구적 거버넌스의 새로운 구조가 **지구적 시민사회(global civil society)**에 의해서도 형성되고 있다. 이 시민사회는 수천 개의 자발적인 비정부기구로 구성된, 전 세계적으로 확산되는 공유 사회 영역이다. 예를 들어, 국경없는의사회(Médecins Sans Frontières)나 그린피스(Greenpeace) 등과 같은 국제비정부기구(INGO)는 수백만 시민을 대표하여, 국민국가나 정부 간 조직의 정치적·경제적 결정에 대응할 준비가 되어 있다.

전 지구적인 상호연결성이 증가함에 따라 국제비정부기구의 중요성이 증가하고 있다. 이것의 구체적인 예로, 2013년 12월부터 2016년 초까지 서아프리카에서 에볼라 바이러스가 급격하게 유행했을 때, **국경없는의사회**의 역할을 들 수 있다. 이 조직은 전 세계 의료진으로 구성되어 자연재해나 인재, 무력 분쟁의 피해자 등을 지원하며, 지구상의 모든 장소에서 자원봉사하고 있다. 이 국제비정부기구는 보편적 의료윤리 강령에 따라 중립성과 형평성을 유지하며, 모든 정치적·경제적·종교적 권력으로부터 완전히 독립되어 있다.

2013년 말 서아프리카의 기니, 시에라리온, 라이베리아에서 치사율 90%에 이르는 에볼라가 발생했다. 이때 국경없는의사회는 유엔이나 각국의 원조보다도 더 신속하게 현지에서 대응했다. 유행이 절정에 이르렀을 때, 국경없는의사회는 서아프리카에서 4000명에 가까운 현지 인력과 325명의 해외 인력을 동원하여 전 지구적인 팬데믹으로 확산될 수 있는 이 질병과 맞서 싸웠다. 세계보건기구(WHO)가 2016년 1월 공식적으로 에볼라 유행 종식을 선언하기까지, 국경없는의사회는 이 지역 수십 곳의 시설에서 1만 명 이상의 환자를 치료했다. 국가나 지방정부가 서아프리카 재해 지역에 대한 지원을 신속히 전개하려는 정치적 의지가 부족했던 점을 고려해볼 때, 국경없는의사회와 같은 비정부기구의 활동은 전례 없는 전 지구적 규모의 대참사를 막는 데 결정적인 역할을 했다.

서아프리카의 에볼라 위기는 미래 감염병 유행에 대비하기 위해 국제적으로 공조된 대책을 마련할 필요가 있음을 보여주었다. 그러나 유감스럽게도 세계보건기구의 긴급사태 대응기금 부족으로, 이러한 국제적 공조 대책은 시행되지 못했다. 이후 2019년, 에볼라는 다시 아프리카를 강타했다. 이번에는 콩고민주공화국이 표적이 되었다. 이 국가는 오랜 폭력적 분쟁으로 국제사회로부터 수십 년이나 소외되었다. 2019년 상반기에는 1500명 이상이 사망하고 추가로 수천 명이 감염되었다(그림 10). 이 감염병은 인접국인 우간다와 난민캠프가 산재한 불안정한 남수단으로 확산될 위험이 있었다. 에볼라 확산을 막기 위한 지역 봉쇄가 무너져 커다란 재앙으로 발전할 상황에 처한 것이었다. 이번에도 국경없는의

10 에볼라 바이러스 희생자를 묻는 콩고민주공화국의 의료진들(2019년 6월)

사회 등 국제비정부기구들이 최악의 사태를 막는 데 주요한 역할을 담당했다.

팬데믹과 기타 전 지구적 문제와의 투쟁에서 얻은 교훈을 바탕으로, 일부 지구학 전문가들은 정치적 지구화가 현재 활성화되고 있는 지구적 시민사회에 기반한 민주적인 초국적 사회 세력을 강화할 것이라고 전망한다. 이러한 낙관적인 목소리는 민주적 권리가 궁극적으로 개별 영토 단위의 제한된 관계를 초월하여, 서구의 세계시민적(cosmopolitan) 이상, 국제법적 결정, 다양한 정부·비정부기구 간의 확대된 연계망에 기초한 '민주적인 지구적 거버넌스 구축'으로 이어질 것이라 예견한다. 이 전망이 정말로 실현된다면 정치적 지구화의 궁극적 성과는 **세계시민적 민주주의**의 출현이 될 것이다. 이러한 세계시민적 민주주의는 상호관용과 책임의 구조 속에서 번창하는 다원적 정체성에 기반해 구성된다(그림 E).

데이비드 헬드(David Held)는 이와 같은 낙관적 견해의 주요 학술적 지지자로, 미래의 세계시민적 민주주의는 다음과 같은 특징을 지닐 것이라고 주장한다.

1. 지역, 국가, 지방과 연결된 전 지구적 의회
2. 정치, 사회, 경제 권력의 다양한 영역에 적용되는 새로운 권리와 의무 헌장

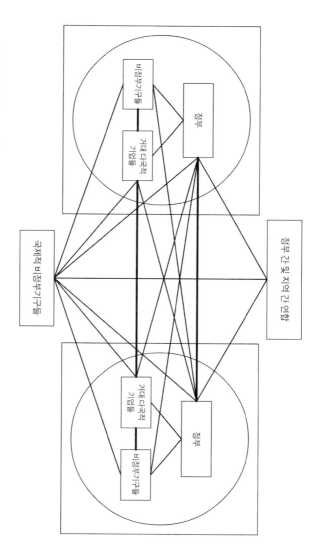

그림 초기 지구적 거버넌스: 상호 연관된 권력 중심의 네트워크

비정부기구들

거대 다국적 기업들

정부

국제적 비정부기구들

정부 간 및 지역 간 연합

거대 다국적 기업들

비정부기구들

정부

3. 정치적 이익과 경제적 이익의 공식적 분리

4. 지방에서 전 지구까지 집행 메커니즘을 갖춘 상호 연결
   된 전 지구적 법률 시스템

정치적 지구화가 세계시민적 민주주의의 방향으로 나아가
고 있다는 데이비드 헬드의 견해에 대해, 회의적인 입장도 상
당수 존재한다. 특히 현재의 지구화에 대한 포퓰리스트들의
반발을 비추어볼 때 더욱 그러하다는 것이다. 데이비드 헬드
의 낙관적인 세계관에 대한 비판은 주로 그의 비전이 현실적
적용 가능성보다는 이상적인 목표에 치중하고 있다는 점에
서 비롯된다. 이로 인해 유럽연합 내 이민 문제와 같은 국가
차원의 공공정책에서 발생하는 지속적인 정치적 긴장을 충
분히 설명하지 못한다는 지적이다. 또한, 지구적 거버넌스에
대한 회의론자들은 세계시민적 민주주의 지지자들이 그 문
화적 실현 가능성을 충분히 검토하지 않았다는 의구심을 제
기한다. 다시 말해, 비판론자들은 문화적 상호작용의 전 지구
적인 강화가 '상호 존중'과 '차이에 대한 관용'이라는 이상만
큼이나 정치적 저항과 반발의 가능성을 현실화할 수 있다고
주장한다. 이러한 논의는 지구화의 문화적 측면에 대한 더 깊
은 이해의 필요성을 제기하며, 이는 다음 5장에서 자세히 탐
구될 것이다.

제 5 장

지구화의
문화적 차원

제1장에서 다룬 맷 스토페라의 분실한 휴대전화 사례에서 볼 수 있듯이, 지구화의 문화적 차원을 고려하지 않으면, 이 **매우 간결한** 지구화 입문서는 그야말로 충분하지 않은 책이 되고 말 것이다. **문화적 지구화**는 전 지구적으로 문화의 흐름이 강화되고 확대되는 현상을 말한다. 분명히, **문화**는 매우 폭넓은 개념이다. 이 용어는 의미나 삶의 패턴을 가리키며 인간의 경험 전체를 표현하기 위해 자주 사용된다. 따라서 과도한 일반화를 피하려면, 사회생활의 여러 측면을 분석적으로 구별하는 것이 중요하다. 예를 들어, 우리는 '경제적'이라는 형용사에서 주로 상품의 생산, 교환, 소비를 떠올린다. 반면, '정치적'이라는 것을 논의할 때는 사회에서 권력이 발생하고 분

배되는 방식과 관련된 관행을 의미한다. 마찬가지로, '문화적'인 것을 이야기할 때는 의미의 상징적 구축, 명시화, 보급과 관련이 있다. 따라서 언어, 음악, 이미지는 상징적 표현의 주요한 형식으로, 문화적 상호작용의 역동성에서 특별한 의미를 지닌다.

최근 수십 년간 문화적 상호접속 네트워크가 폭발적으로 확대되자, 일부 평론가들은 이를 현대 지구화의 핵심으로 지적하기도 한다. 그러나 문화의 지구화는 로큰롤과 코카콜라, 축구 등이 전 세계에 퍼지면서 근래에 시작된 것이 아니다. 제2장에서 지적했듯이, 문명 간의 광범위한 교류는 근대성보다도 훨씬 오래되었다. 물론 21세기 문화 전파는 그 양과 범위에서 이전 시대를 훨씬 능가한다. 디지털 소셜미디어와 모바일 디지털 장비의 보급이 가속화되면서, 개인주의, 소비주의, 종교적 담론 등 전 지구적 시대를 지배하는 상징적 의미 체계가 그 어느 때보다 자유롭고 광범위하게 유통되고 있다. 이미지와 아이디어의 빠른 전파는 사람들의 일상 경험에 커다란 영향을 미치고 있다. 제1장의 분실한 휴대전화 이야기에서 언급했듯이, 문화적 실천은 이제 마을이나 국가와 같은 고정된 지역성을 넘어 주요한 지구적 주제와 상호작용하면서, 최종적으로 새로운 **지구지역적**(glocal) 의미를 획득하고 있다.

문화적 지구화 연구자들이 다루는 주제는 너무나도 방대

하여, 이 간략한 입문서에서 그 모든 논의를 다룰 수 없다. 따라서 이 장에서는 관련된 주제의 긴 목록을 제공하는 대신, 다음의 세 가지 중요한 주제에 초점을 맞추고자 한다. 먼저, 부상하고 있는 전 지구적 문화에서 동일성과 차이성 간의 긴장관계에 대해, 다음으로, 대중문화 보급에 있어 초국적 미디어 기업의 중요한 역할에 대해, 마지막으로, 언어의 지구화에 대해 살펴보겠다.

전 지구적 문화 : 같은가, 다른가?

지구화는 전 세계 사람들을 더 비슷하게 만들까, 아니면 더 다르게 만들까? 이는 문화적 지구화를 둘러싼 논쟁에서 가장 자주 제기되는 질문이다. **비관적 지구화론자들**은 전자를 지지한다. 그들은 지구화가 세계 인구의 다양성을 반영하는 문화의 무지개 방향으로 나아가는 것이 아니라, 오히려 뉴욕, 할리우드, 런던, 파리, 밀라노를 거점으로 하는 서구의 '문화 산업'에 의해 점차 균질화되는 대중문화가 등장하고 있다고 주장한다. 그들은 이러한 해석의 증거로, 아마존 인디언들이 나이키 운동화를 착용한 모습, 남사하라 주민들이 양키스 야구모자를 구매하는 모습, 팔레스타인 젊은이들이 라말라(Ramallah) 번화가에서 골든 스테이트 워리어스 농구 유니

폼을 자랑하는 모습 등을 꼽는다. 이처럼 지구화를 무자비한 동질화의 힘으로 묘사하는 관점은, 지역과 국가 문화를 훼손하면서 영미 자본주의의 논리와 서양의 가치관을 전파한다는 주장에 설득력을 부여한다. 이는 실제로 세계의 취약한 지역에서 만연한 **미국화(Americanization)**의 망령으로 나타나고 있다. 흔히 '문화제국주의'로 불리는 이 현상에 저항하기 위해, 일부 국가에서는 다양한 저항을 시도하였다. 예를 들어, 이란은 위성 안테나를 금지하고, 프랑스는 수입 영화와 TV 프로그램에 관세와 할당량을 부과했다. 그러나 이러한 노력에도 불구하고 미국 대중문화의 확산은 멈출 기미가 보이지 않는다.

이 문화적 동질화의 양상은 지구 북반구의 주요 국가들 내에서도 분명하게 나타나고 있다. 미국의 사회학자 조지 리처 (George Ritzer)는 **맥도널드화(McDonaldization)**라는 용어를 만들어, 패스트푸드점의 원칙이 미국 사회를 넘어 전 세계로 확산되어 지배하는 광범위한 사회문화적 과정을 설명하였다. 표면적으로 이러한 패스트푸드점의 원칙들은, 효율성과 예측 가능성을 통해 고객 요구에 부응한다는 점에서 합리적인 것처럼 보인다.

그러나 "당신의 웃음을 보는 것이 좋아요"[19]라는 패스트푸드기업의 반복적인 TV 광고 이면에는 몇 가지 심각한 문제들이 놓여 있다. 먼저, 패스트푸드는 대체로 영양가가 낮으며, 특히 지방 함량이 높아 심장병, 당뇨병, 암, 청소년 비만 등 심각한 건강 문제 증가와 관련이 있다(표 2). 게다가 '효율적인' 빠른 서비스의 비인간적이고 기계적인 운영 방식을 전 세계에 적용할 수 있다는 사고방식은 문화적 다양성을 훼손하고 있다. 장기적 관점에서 세계의 맥도널드화는 인간의 창의성을 파괴하고 사회관계를 비인간화하는 획일적 기준을 강요하는 것과 다름없다. 시장을 확대하고 더 많은 이익을 내기 위해, 지구적 자본가들은 전 세계의 젊은이들과 부유층을 대상으로 한 균질적인 지구적 상품을 개발하고 있다. 또한 이들은 매우 어린 나이부터 열성적인 소비자로 만드는 전략을 구사하고 있다. 이러한 과정을 통해, 지구적 소비주의는 점점 영혼 없는 비윤리적인 문화적 틀로 변모하고 있다.

낙관적 지구화론자들은 문화적 지구화가 더 많은 동일성을 낳는다는 점에서는 비관적 지구화론자들의 의견에 동의하지만, 그럼에도 불구하고 이러한 동일성의 양상을 긍정적으로 평가한다. 예를 들어, 미국의 사회학자 프랜시스 후쿠야마(Francis Fukuyama)는 서구의 가치관과 생활양식의 전 지구적 확산을 노골적으로 환영하며, 세계의 미국화를 민주주의나 자유시장의 바람직한 확대와 동일시하고 있다(그림 11). 그러나 낙관적 지구화론자들이 이처럼 **명백한 사명**(manifest

미국인의 하루 평균 TV 시청 시간(단위 : 분, 2019)	215
미국인의 하루 평균 대면 소통 시간 (단위 : 분, 2014)	46
미국인의 하루 평균 모바일 기기 사용 시간 (단위 : 분, 2019)	223
미국인이 하루 평균 보는 광고·로고·상표 수 (2013)	16,000
미국의 성인 비만률 (2016)	39.6%
미국과 인도의 1인당 평균 육류 섭취량 (단위 : kg, 2018)	101대 4
미국의 1인당 연평균 육류 섭취량은 햄버거 몇 개와 맞먹는가? (2018)	800
패스트푸드 햄버거 패티 한 장에 담겨 있는 소의 평균 개체 수 (2017)	100마리 이상
햄버거 1개 생산에 따른 이산화탄소 산출량 (단위 : kg, 2017)	4
미국의 햄버거 생산에 따른 연간 이산화탄소 산출량 (단위 : 톤, 2017)	195,750,000
네덜란드의 연간 이산화탄소 산출량 (단위 : 톤, 2017)	174,770,000
미국의 자동차 등록 대수 (단위 : 100만 대, 2019)	281
미국인이 배출하는 쓰레기 양 (단위 : 100만 톤, 2015)	262
지구상에 살아 있는 인간의 총 질량 (단위 : 100만 톤, 2017)	287
신이 인간을 현재의 형태로 창조한 시기가 기껏해야 1만 년 전이라고 믿는 미국인의 비율 (2017)	38%
미국의 총인구 대 미국 민간인이 소지한 총기류 수 (단위 : 100만 개, 2018)	329대 393
세계 전체 총기류 중 미국 민간인이 소지한 총기류 비율 (2018)	46%
미국과 일본의 연간 총기 사망자 수 (2017)	39,773대 3

출처 : Leopold Center for Sustainable Agriculture, 2003, 'Checking the food odometer: Comparing food miles for local versus conventional produce sales to Iowa institutions': 〈https://lib.dr.iastate.edu/leopold_pubspapers/130/〉; Centre for Disease Control and Prevention: 〈http://www.cdc.gov/obesity/data/adult.html〉; Jamais Cascio, The Cheeseburger Footprint, 2012: 〈http://www.openthefuture.com/cheeseburger_CF.html〉; Statista : 〈http://www.statista.com/statistics/271380/average-tv-viewing-time-in-north-america/〉; Bureau of Labor Statistics, 2012: 〈http://www.bls.gov/news.release/atus.nr0.htm〉; Dharma Singh Khalsa, Brain Longevity, Grand Central Publishing, p. 29; Norman Herr, The Sourcebook for Teaching Science, 2012: 〈http://www.csun.edu/science/health/docs/tv&health.html〉; Statista : 〈http://www.statista.com/statistics/183505/number-of-vehicles-in-the-united-states-since-190/〉; Statista : 〈http://www.statista.com/statistics/189522/daily-time-spent-on-socializing-and-communicating-in-the-us-since-20_9/〉; GallupPoll, Evolution, Creationism, Intelligent Design, 2012: 〈http://www.gallup.com/poll/21814/evolution-creationism-intelligent-design.aspx〉; TV Week: 〈http://www.tvweek.com/tvbizwire/2014/05/how-many-minutes-of-commercial/〉; Environmental Protection Agency: 〈https://www.epa.gov/smm/advancing-sustainable-materials-management-facts-and-figures〉; Michael Marshall, 'Humanity weighs in at 287 million tonnes', 2012: 〈http://www.newscientist.com/article/dn21945-humanity-weighs-in-at-287-million-tonnes.html〉

표 2   미국식 생활방식

destiny)[20]이라는 구시대적인 미국의 국가주의를 전 지구적 무대에 적용하려는 국수주의자의 형태로만 나타나는 것은 아니다. 이들 중에는 소셜미디어나 최신 디지털 장비를 균질화된 기술문명의 선구로 칭송하는 세계시민주의자들도 있다. 또, 지구적 소비 자본주의의 가치를 노골적으로 신봉하는 자유시장주의의 열성적 추종자들도 있다.

우리는 지구화의 균질화가 지닌 역동성을 인정하면서도, 다른 한편으로는 문화의 다양화나 혼종화의 경향에도 주목해야 한다. 세계에 강력한 동일성 경향이 존재한다는 사실을 인정하는 것과 지구상의 문화적 다양성이 대부분 소멸할 운명이라고 단언하는 것은 완전히 별개의 일이다. 실제로 일부 영향력 있는 논평가들은 지구화와 문화 표현의 다양화를 연결하는 데 완전히 상반된 의견을 제시하고 있다. 예를 들어, 사회학자 롤랜드 로버트슨(Roland Robertson)은 지구적 문화의 흐름이 종종 지역의 문화적 틈새를 활성화한다고 주장한다. 그 결과로 성소수자 커뮤니티 등으로 대표되는 소외된 가치관을 축하하는 문화적으로 독특한 축제나 대규모 도시 퍼레이드가 확산하고 있다는 것이다.

따라서 지역적 차이나 특수성은 서양의 소비주의적 동질성에 의해 완전히 소멸되는 것이 아니라, 독자적인 문화적 집단을 창출하는 데 중요한 역할을 한다는 것이다. 얀 네더르

11 지하드 vs 맥도날드 월드: 인도네시아에서 팔리는 패스트푸드

베인 피테르서(Jan Nederveen Pieterse)[21]와 같은 지구학 연구
자들은 문화의 지구화가 항상 지역적 맥락 속에서 이루어진
다며, 문화의 균질화라는 입장을 부정한다. 대신 지구지역
화(glocalization), 즉 제1장에서 도난당한 휴대전화의 사례에
서 설명한 '지구적인 것과 지역적인 것의 상호작용을 포함하
는 복잡한 역동성'을 강조한다. 이로 인해 발생하는 혼종성
(hybridity)은 '동일성'이나 '차이성'이라는 명확한 표현으로
환원될 수 없다. 이러한 문화적 혼종화 과정은 패션, 음악, 춤,
영화, 식품, 스포츠, 언어 등 다양한 영역에서 두드러지게 나
타나고 있다.

　그러나 낙관적 지구화론자와 비관적 지구화론자의 주장이
반드시 상호 배타적인 것은 아니다. 현대인들의 국경을 넘나
드는 경험은 종종 전통적 의미의 상실과 새로운 상징적 표현의
창출을 동시에 수반하기 때문이다. 재구축된 귀속 의식은 장
소 상실감과 불편한 긴장관계 속에 공존하고 있다. 사회학자
울리히 벡(Ulrich Beck)과 같은 논자들은 '장소-중혼자(place-
bigamists)'[22]의 급증을 지적한다. 이는 이동성 증가로 인해 두
개 이상의 장소에서 자기 집처럼 편안함을 느낄 수 있는 사람
들을 가리킨다. 이러한 관점에서 보면, 균질화된 근대성이 실
제로는 더 불안정한 정체성, 장소, 의미, 지식으로 특징지어
지는 새로운 포스트모던의 틀로 대체되고 있는 듯하다.

지구적 문화의 흐름은 복잡하기에, 실제로는 불균일하고 모순된 효과가 나타날 수 있다. 특정 맥락에서 흐름은 국민적 정체성의 전통적 표현이 동일성을 특징으로 하는 대중문화의 방향으로 변화할 수 있다. 다른 맥락에서는 문화적 특수성의 새로운 표현을 촉진할 수도 있고, 또다른 맥락에서는 다양한 형식의 문화적 혼종을 장려할 수도 있다. 미국화의 균질화 효과를 비난하는 비평가들은, 지구화되는 세계에서 '순수한' 자기완결적 문화를 가진 사회는 거의 존재하지 않음을 인식해야 한다. 실제로 지구화되는 현대세계에서 문화의 혼종은 곳곳에서 찾아볼 수 있는 보편적 현상이다. 예를 들어 인도 발리우드(Bollywood)[23] 팝송의 풍부한 감성, 하와이 피진어(pidgin)[24]의 다양한 변형, 쿠바식 중국요리의 맛 등을 떠올리기 바란다. 마지막으로, 소비 자본주의의 확산에 갈채를 보내는 이들도, 전통적인 공동체 관습의 급격한 쇠퇴나 사회와 자연의 상품화 등과 같은 부정적 결과에도 주의를 기울일 필요가 있다.

미디어의 역할

현대의 전 지구적 문화 흐름은 주로 막강한 통신 기술을 이용해 메시지를 확산하는 거대 미디어제국에 의해 생성되고 조정받고 있다. **미디어**는 광고, 방송, 네트워크, 뉴스, 인쇄 출판, 디지털, 녹음, 영화 등의 다양한 형태를 포함한다. 미디어 기업들은 천편일률적인 TV 프로그램과 피상적인 광고로 전 지구적 문화 환경을 가득 채우며, 전 세계인의 정체성과 욕망 구조를 형성하고 있다. 지구적 상상력의 부상은 지구적 매체의 발전과 떼어놓고 말할 수 없다. 지난 20년간 소수의 거대 초국적기업이 엔터테인먼트, 뉴스, TV, 영화의 세계시장을 장악하게 되었다. 2019년 기준으로, '컴캐스트(Comcast), 디즈니(Disney), 알파벳(Alphabet), 차터 커뮤니케이션(Charter Communications), AT&T, 21세기 폭스(21 Century Fox), 톰슨 로이터(Thomson Reuters), CBS 뉴스'의 8대 미디어 대기업이 전 세계 통신업계의 연간 수익 2.5조 달러 가운데 3분의 2 이상을 벌어들였다.

20년 전까지만 해도, 오늘날 많이 보이는 무소불위의 미디어 대기업들은 존재하지 않았다. 현재 대부분의 미디어 분석가들은 전 지구적 상업 미디어시장 출현을 20세기 초 석유산업이나 자동차산업과 같은 전 지구적 독과점 시장의 창출과 유사한 것으로 보고 있다. 지난 수십 년 동안 중요한 문화적 혁신을 주도했던 소규모 독립 음반회사, 라디오 방송국, 영화관, 신문사, 출판사 등은 오늘날의 미디어 대기업에 맞설 수 없게 되어 사실상 거의 전멸 상태에 이르렀다.

초국적 미디어기업이 유포하는 상업적 가치관은 대중문화에서 확고한 문화적 헤게모니를 형성하고 있어, 사회적 현실의 탈정치화와 시민적 유대의 약화를 초래할 수도 있다. 지난 20년간 가장 두드러진 변화 중 하나는 뉴스 보도와 교육 프로그램이 저급한 오락프로그램으로 변질된 것이다. 이들 오락프로그램의 대부분이 역설적으로 '리얼리티 쇼'를 표방하고 있으며, 그 대표적인 사례 중 하나가 도널드 트럼프가 출현한 〈어프렌티스(The Apprentice)〉이다. 이 프로그램은 NBC에서 14시즌에 걸쳐 방영되었으며, 도널드 트럼프의 2016년 대선 캠페인의 성공에 밑거름이 되었다. 뉴스 보도의 수익성이 엔터테인먼트의 절반에도 미치지 못하기 때문에, 미디어기업들은 저널리즘의 원칙인 '뉴스 보도와 비즈니스 분리 원칙'을 무시하고 더 높은 이익을 추구하는 경향이 있다. 보도기관과 엔터테인먼트기업의 제휴가 급속히 일반화되면서, 경영진이 기자들에게 비즈니스 운영에 협조하도록 압박하는 일이 더 빈번해졌다. 그리고 언론인들이 '가짜 뉴스'를 유포한다는 비난과 함께, 그들의 직업적 자율성에 대한 지속적인 공격이 이루어지고 있는데, 이 또한 문화적 지구화의 한 부분이다.

언어의 지구화

지구화로 인한 문화적 변화를 평가하는 직접적인 방법 중 하나는 전 지구적으로 변화하는 언어 사용 양상을 연구하는 것이다. 언어의 지구화는 특정 언어가 국제 교류에서 점점 더 많이 사용되는 한편, 다른 언어는 사용자 감소로 인해 그 중요성을 잃고 심지어 사라지기까지 하는 현상을 의미한다. 하와이대학의 지구화연구센터 연구자들은 언어의 지구화에 영향을 주는 다섯 가지 중요한 변수를 다음과 같이 지적한다.

1. **언어 수** : 세계 각지에서 언어 수의 감소는 문화가 균질화되는 경향을 반영한다.
2. **인구 이동** : 이주나 여행을 통해 사람들은 자신의 언어를 새로운 지역에 전파한다. 이러한 인구 이동의 양상은 언어 확산에 중요한 영향을 미친다.
3. **외국어 학습과 관광** : 외국어 학습과 여행은 국경이나 문화의 경계를 넘어 언어 확산을 촉진한다.
4. **인터넷 언어** : 인터넷은 즉각적인 교류와 신속한 정보 접근을 가능케 하는 전 지구적 매개체가 되었다. 인터넷상의 언어 사용은 국제 교류에서 언어의 주도권과 다양성을 분석하는 데 중요한 요소다.
5. **국제적인 과학 출판물** : 온라인이든 인쇄물이든 국제적 과

학 출판물은 전 지구적 지적 담론의 언어를 반영한다. 이는 전 세계 지식의 생산과 재생산, 유통에 관여하는 지성계에 커다란 영향을 미친다.

이처럼 매우 복잡한 상호작용으로 인해, 언어의 지구화 연구는 종종 상반된 결론을 도출한다. 이 분야의 전문가들은 일반적인 합의에 이르지 못하고 다양한 가설을 제시하고 있다. 그중 하나는 영어, 중국어, 스페인어를 중심으로 하는 소수의 언어가 전 지구적으로 중요성을 더해가고 있으며, 이로 인해 다른 언어의 수가 감소하는 현상 사이에 명확한 상관관계가 있다는 가설이다. 다른 하나는 언어의 지구화가 반드시 우리의 자손들이 소수의 언어만 사용하게 만들지는 않을 것이라는 가설이다. 이외에, 영미권 문화사업의 막강한 영향력으로 인해, 영어가 21세기의 **유일한** 전 지구적 공통어 또는 한 평론가의 말을 빌리면 '글로비시(Globish, Gobal과 English의 합성어)'가 될 것이라는 지적도 있다.

영어의 중요성이 상승한 역사는, 16세기 후반 영국 식민주의의 탄생 시점까지 거슬러올라간다. 당시 영어를 모국어로 사용하는 이들은 약 700만 명에 불과했다. 그러나 1990년대에 이르자 영어를 모국어로 하는 이의 수는 무려 3억 5000만 명이 넘었고 4억 명 이상이 영어를 제2외국어로 사용했다. 외국인 유학생 수가 전 세계적으로 증가하고 있는데, 이들 유학생의 거의 절반은 영미권의 교육기관에 재학중이다. 2018년 기준으로, 전 세계 상위 1억 개의 웹사이트에 올라온 게시물의 54퍼센트 이상이 영어였으며, 중국어 게시물은 1.7퍼센트에 불과했다.

동시에 세계의 구어 수는 1500년에 약 1만 4500개였으나, 2000년에 이르러 약 6700개로 감소했다(표 3). 2010년대 말까지 이 수는 6300개까지 감소했으며, 그중 2000개의 언어는 1000명도 채 안 되는 사람들이 사용하고 있다. 현재의 감소율을 고려할 때, 일부 언어학자는 21세기 말까지 현재 존재하는 언어의 50퍼센트에서 90퍼센트가 소멸할 것으로 전망하고 있다. 그러나 멸종 위기에 처한 것은 세계의 언어만이 아니다. 소비주의적 가치관과 물질주의적 생활 방식의 만연은 지구 생태계의 건전성도 위태롭게 만들고 있다. 이제 우리는 지구화의 가장 중요한 생태학적 차원에 주목할 필요가 있다.

대륙	16세기 초	17세기 초	18세기 초	19세기 초	20세기 초	20세기 말
아메리카	2,175	2,025	1,800	1,500	1,125	1,005
아프리카	4,350	4,050	3,600	3,000	2,250	2,011
유럽	435	405	360	300	225	201
아시아	4,785	4,455	3,960	3,300	2,475	2,212
오세아니아	2,755	2,565	2,280	1,900	1,425	1,274
세계	14,500	13,500	12,000	10,000	7,500	6,703

출처: 하와이-마노아대학의 지구화연구센터

표 3 감소하는 전 세계의 언어 수(1500~2000)

제 6 장

지구화의
생태적 차원

    지금까지 지구화의 경제적, 정치적, 문화적 차원을 개별적으로 살펴보았는데, 이 모든 차원은 서로 영향을 주고받으며 그에 따른 결과를 초래하고 있음을 기억하는 것이 중요하다. 지구화의 생태적 차원은 이러한 상호 연관성을 가장 명확히 보여준다. 최근 전 지구적 규모의 기후변화나 국경을 넘나드는 오염 등과 같은 환경 문제는 연구기관, 미디어, 정치가, 경제학자, 일반 시민 모두에게 매우 큰 주목을 받고 있다. 지속 불가능한 형태의 **생태적 지구화**는 현재 지구상의 모든 생명체에 위협을 초래할 것으로 인식되고 있다. 1986년 우크라이나 체르노빌과 2011년 일본 후쿠시마의 끔찍한 원전 사고, 2010년 멕시코만의 딥워터 허라이즌(Deepwater Horizon) 원유 유출 사고 등 자연적·인위적 재해의 세계적인 영향은, 현대의 난제인 환경 문제가 국가와 시민사회의 전 지구적 동맹을 통해서만 해결될 수 있음을 분명히 보여주고 있다.

21세기에 들어, 지구상의 사람들은 숨쉬는 공기, 의존하는 기후, 먹는 음식, 마시는 물을 통해 서로가 불가분의 관계에 있다는 사실을 무시할 수 없게 되었다. 이 상호의존성의 명백한 교훈에도 불구하고, 지구 행성의 생태계는 낭비적인 생활 방식을 유지하려는 인간으로부터 끊임없는 공격을 받고 있다. 실제로 문화적 가치관은 사람들의 자연환경에 대한 인식에 큰 영향을 미친다. 예를 들면, 도교, 불교, 다양한 애니미즘 등의 종교에 뿌리를 둔 문화권들은 모든 생명체의 상호의존성을 강조한다. 그러나 이러한 문화권도 현대 자본주의 체제를 받아들이면서, 인간의 욕구 충족과 생태계 보존 사이의 섬세한 균형을 유지해야 한다는 문화적 규범을 항상 따르지는 않는다. 반면 유대교·기독교의 인본주의는 인간이 자연을 지배하는 이원론적 가치를 깊이 담고 있다. 이로 인해 서구 근대에서 환경을 인간의 필요와 욕구를 충족시키기 위한 '자원'으로 여기는 경향이 있다. 예를 들어 '자원 수확'이라는 명목 아래 전 세계에서 행해지는 열대우림의 벌채를 생각해보라. 이는 인간의 과도한 요구를 충족시키기 위해, 원주민의 생활과 문화를 위협하는 일이자 무수한 동식물을 멸종시키는 일이다.

제5장에서 지적했듯이, 이 **인간중심주의적(anthropocentric)** 패러다임의 가장 극단적인 형태는 소비주의의 지배적 가치관과 신념에 반영되어 있다. 자본주의 문화산업은 전 지구의 사람들에게 삶의 의미와 가치는 물질적 재화의 무한한 축적에 있다고 설득하려고 한다. 최근 자연사와 사회사를 연결하려는 연구자들은 인간의 활동이 지구에 미치는 파괴적인 영향을 고려하여 새로운 지질 시대를 명명할 필요가 있다고 제안했다. 이 새로운 지질 시대는 '인류세(Anthropocene)'로, 인간 활동이 지구의 기후와 환경에 중요한 영향을 미치는 시대를 의미한다.

최근 수십 년간 지구 생태계의 쇠퇴하는 규모, 속도, 깊이는 전례없이 심각한 수준에 이르렀다. 예를 들면, 다음의 〈그림 F〉에 나타낸 '환경 악화의 지구화'로 인한 가장 위험한 현상들에 대해 생각해보자.

현재 가장 우려되는 두 가지 문제는 남반구 일부의 통제되지 않는 인구 증가와 북반구의 낭비에 가까운 소비 양상이다. 농업경제가 시작된 이후 약 480세대 동안 세계 인구는 1000배나 증가해, 2019년에는 약 77억 명에 달했다. 놀랍게도 이 증가한 인구의 절반이 최근 30년 동안 일어났다는 것이다. 쥐를 제외하면, 인류는 현재 지구상에서 가장 많은 개체수를 가진 포유류다. 이로 인해 식량, 목재, 섬유에 대한 수요

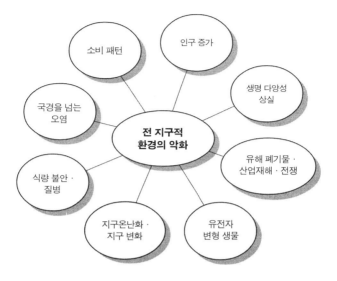

F   지구 환경 악화의 주요 징후와 결과

가 급격히 증가하면서, 지구 행성의 생태계에 심각한 압력이 가해지고 있다.

지구 지표면의 광대한 범위, 특히 건조 지대와 반(半)건조 지대는 수천 년 동안 농업생산에 이용되어, 계속 증가하는 인구를 위해 작물을 생산해왔다. 인구 증가와 환경 악화의 관계에 대한 우려는 종종 총인구 수에 초점을 맞추어 논의되고 있다. 그러나 인류가 환경에 미치는 지구적 영향은 전체 인구 규모뿐 아니라 1인당 소비량에도 크게 좌우된다(표 4). 예를 들면, 미국은 세계 인구의 6퍼센트에 불과하지만, 행성 자원의 30퍼센트에서 40퍼센트를 소비하고 있다. 특정 지역의 과잉 소비와 통제되지 않는 인구 증가는, 지구 행성의 건강에 심각한 문제를 제기한다. 이러한 불길한 동향을 지탱하는 '무제한적인 이익 추구'를 재검토하지 않는 한, 어머니 지구의 건강은 더욱 악화될 것이다.

과잉 소비와 인구 증가는 지구 곳곳에서 반복되는 식량 위기의 너무나도 분명한 요인이다. 그리고 최근 아이티, 인도네시아, 필리핀, 중국, 카메룬에서 일어난 대규모 식량 폭동은, 가뭄 등 환경 문제로 인한 '식량 접근성의 제한'[25]을 보여준다. 식량 접근성을 제한하는 또다른 요인으로는 유가 상승에 따른 식량 수송비용 증가, 석유 의존도를 줄이기 위한 옥수수 등 주요 식용작물의 바이오 연료 전용, 선진국과 개발도상국 간

	1인당 연간 석유 소비량 (단위 : L)	1000명당 자동차 보유 대수	1인당 연간 육류 소비량 (단위 : kg)	1인당 연간 담수 취수량 (단위 : m²)
미국	3,526	811	116	1,582
대한민국	2,658	411	63	498
스웨덴	1,724	536	82	565
브라질	900	350	97	415
이집트	532	62	31	847
중국	476	173	62	442
차드공화국	11	6	12	24

출처 : 석유: World by Map, 〈http://world.bymap.org/OilConsumption.html〉; 자동차: Wikipedia, 〈https://en.wikipedia.org/wiki/List_of_countries_by_vehicles_per_capita〉; 육류: Our World in Data, 〈https://ourworldindata.org/meat-and-seafood-production-consumption〉; 담수: Statista, 〈https://www.statista.com/statistics/263156/water-consumption-in-selected-countries/〉 and UN FAO Aquastats, 〈http://www.fao.org/nr/water/aquastat/countries_regions/〉.

표 4 특정 국가의 1인당 연간 소비 패턴 (2015~2019)

불평등한 자원 접근 등을 들 수 있다. 많은 사람에게 충분한 식량을 공급하는 문제는 지구화 과정에서 강조되는 '정치적·경제적·생태적 문제의 상호관계'를 더욱 부각시키고 있다.

인구 증가와 환경 악화의 지구화에 따른 또다른 중대한 생태적 문제는 전 지구적인 **생물다양성의 감소**이다. 오늘날 생물학자의 70%가 지구의 45억 년 역사에서 가장 빠르게 생물종이 대량 멸종하고 있다고 생각한다. 최근 경제협력개발기구(OECD) 보고서에 따르면, 세계 농지의 3분의 2가 '약간 황폐해진 상태'고, 3분의 1은 '심각하게 황폐해진 상태'다. 세계 습지의 절반은 이미 파괴되었고, 담수 생태계의 생물다양성은 심각한 위협을 받고 있다. 농작물과 동물종의 유전적 다양성은 1900년 이후 세계의 4분의 3이 사라졌다. 일부 전문가들은 금세기 말까지 전체 동식물종(대부분 지구 남반구에 있다)의 최대 50퍼센트가 멸종될 것이라고 우려한다. 따라서 많은 환경보호론자들은 생물다양성을 지구의 자산으로 여기고 미래 세대를 위해 보호해야 한다고 주장하고 있다.

현재 생물 다양성 보호를 위한 대책 중 하나는 전 세계 100개국 이상에 설립된 수백 개의 **유전자은행**이다. 그중에서도 주목할 만한 것은 북극권 스피츠베르겐섬의 영구동토에 위치한 '스발바르 국제종자저장고'이다. 2008년 정식 개설된 이 '최후의 날을 위한 저장고'는 주요 식용작물 종자의 백업

사본을 영하 18도에서 보관하기 위해 특별히 설계되었다. 이 프로젝트는 '전 지구적 작물 다양성 기금'을 바탕으로 하며, 게이츠재단, 록펠러재단 등 국제적 독지가들이 자금을 후원한다. 국제종자저장고는 은행 대여금고처럼 운영되며, 공공 및 민간 위탁자에게 무료로 제공되고 노르웨이 정부가 안전하게 보관하고 있다. 그러나 이 칭찬할 만한 백업 조치만으로는 인류의 생태발자국으로 인한 생물다양성의 급격한 상실을 역전시키기에는 충분하지 않을 듯하다.

국경을 초월하는 오염은 인류의 집단적 생존에 있어 중대한 위협이 되고 있다. 합성 화학물질이 대기중이나 수중에 대량으로 방출되면서, 인간과 동물이 이전에 경험하지 못한 생물학적 위기에 직면하고 있다. 예를 들면, 20세기 후반에는 불연성 냉매, 공업용 용제, 발포제, 에어로졸 분사제로 프레온이 사용되었다. 1970년대 중반, 연구자들은 규제 없이 대기 중으로 방출된 프레온이 지구의 보호층인 오존층을 파괴할 가능성이 있음을 지적했다. 그로부터 10년 후, 태즈메이니아, 뉴질랜드, 그리고 남극 대부분에서 대규모 '오존 구멍'이 발견되었고, 결국 프레온과 같은 오존층 파괴물질의 생산을 단계적으로 중단하려는 국제적인 노력이 시작되었다. 과학자들은 전 지구적 기후변화로 인한 폭풍우나 이상기후의 빈도 증가로, 세계 오존층이 파괴될 위험이 높아지고 있다고 경고했다. 이 외에, 국경을 초월한 오염으로는 황산화물과 질소 산화물과 같은 공업용 배출물들이 있다. 이러한 화학물질은 산성비의 형태로 지표로 돌아와 산림, 토양, 담수의 생태계에 손상을 입힌다. 현재 북유럽과 북아메리카 일부 지역에서 내리는 산성비는 환경보호기관이 제시하는 허용 범위를 훨씬 초과하고 있다.

결국 **인간이 유발한 기후변화**라는 불길한 현상이 국내 정책과 정부 간 정책, 그리고 풀뿌리 활동의 주요한 초점으로 부상하였다. 2000년대, 전 미국 부통령 앨 고어가 제작한 다큐멘터리 영화 〈**불편한 진실An Inconvenient Truth**〉은 일반인들이 기후변화에 주목하게 했다. 또한, 통제불가능한 지구온난화가 가져올 끔찍한 결과를 논의한 수많은 과학적 보고서도 그 심각성에 눈을 뜨게 했다. 기후변화는 분명 오늘날 인류가 직면한 세계적인 가장 큰 문제 중 하나임이 분명하다.

그러나 전 지구적 기후변화의 위험성에 대한 인식을 높이려는 가장 영향력 있는 최근의 시도는 의외의 장소에서 시작되었다. 그곳은 바로 로마 바티칸이었다. 2015년 9월, 교황 프란체스코 1세는 유엔총회에서 지구온난화에 대처할 것을 전 세계에 강력히 호소했다(그림 12). 교황은 기후변화 문제를 평등, 안전보장, 사회정의 추구라고 하는 폭넓은 주제와 연결시켰다. 또, 교황은 파리에서 개최된 2015년 '유엔 기후

12   교황 프란치스코 1세가 UN총회에서 기후변화에 대해 연설하는 모습(2015년 9월 25일)

변화에 관한 정부 간 협의체'(UNIPCC)에 자신의 신발을 보내, 기후변화에 항의하는 수천 명의 신발과 함께 파리의 레퓌블리크광장에 전시했다. 이 신발들은 탄소 배출을 억제하는 공공의 상징이었다(상자9).

세계적인 기후변화, 특히 지구온난화는 파괴적인 결과를 초래할 수 있다. 많은 과학자들은 온실가스 배출을 억제하기 위해 각국 정부의 공동 행동을 촉구하고 있다. 사실 지구온난화는 현대의 환경 문제가 과거와는 본질적으로 달라졌음을 보여주는 분명한 사례이다. 이산화탄소, 메탄, 아산화질소, 황산화물, 프레온 등의 가스 배출이 빠르게 증가함에 따라, 지구 행성의 대기권에서 열을 가두는 능력이 크게 향상되었다. 그 결과로 발생한 **온실효과**는 세계의 평균 기온을 상승시키는 주요 원인이 되고 있다(그림 13).

지구온난화의 영향을 정확히 계산하기는 어렵다. 2018년 유엔의 '기후변화에 관한 정부 간 협의체(IPCC)' 보고서에 따르면, 2017년 세계는 산업화 이전보다 지구온난화로 인해 기온이 섭씨 1도 상승했다. 현재 지구 행성은 지구온난화 임계온도인 섭씨 1.5도를 향해 가고 있다. 이 임계온도에 도달할 것으로 거의 확실시되는 시기는 2030년부터 2052년 사이로 예상된다. 지구온난화가 섭씨 2도를 넘게 되면, 세계는 생태적 혼돈에 빠질 것이며, 적도 지역에 가장 심각한 영향을 미칠 것으

상자 9 교황 프란체스코 1세의 기후 호소

저는 긴급히 호소합니다. 우리가 지구의 미래를 어떻게 만들어갈 것인지에 대한 새로운 대화를 시작해야 합니다. 우리가 직면하고 있는 환경 문제와 그 원인이 인간 활동에 있다는 사실은, 우리 모두에게 관련되고 중요한 영향을 미치기 때문입니다. 이러한 문제에 대한 인식을 높이기 위해, 세계적인 환경 운동은 이미 큰 진전을 이루었으며, 수많은 조직이 설립되었습니다. 그러나 안타깝게도, 환경 위기에 대한 구체적인 해결책을 모색하는 여러 노력이 효과를 거두지 못한 것은 강한 반대에 부딪힌 이유도 있지만, 전반적인 관심 부족 때문이기도 합니다. 신자들 사이에서조차 문제의 부정에서부터 무관심, 냉담한 체념, 기술적 해결책에 대한 맹목적 신뢰에 이르기까지 기후 문제 해결에 방해가 되는 태도가 확산되고 있습니다. 우리는 새로운 보편적 연대가 필요합니다.

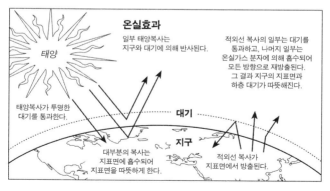

13 온실효과

로 알려졌다. 기후변화에 관한 정부 간 협의체는 섭씨 1.5도에서는 산호초의 약 80퍼센트가 사라질 것이고, 섭씨 2도에서는 99퍼센트가 멸종할 것으로 추정한다. 오늘날에도 기온 상승으로 인해 폭풍우, 산불, 홍수, 가뭄 등 수많은 이상기후 현상이 발생하고 있다. 기록 관측 이래 가장 기온이 높았던 10년 중 9년이 2005년 이후에 발생했으며, 최근 5년은 기온이 가장 높았던 시기였다. 전 지구적 기후변화로 인한 재해는 인명 피해뿐만 아니라 수조 달러의 경제적 손실을 초래한다.

이러한 지구 기온의 급격한 상승은 세계 주요 지역의 빙하 상당 부분이 녹아내리는 결과를 초래했다. 극지방의 만년설은 지난 1만 년 동안보다 지난 20년 동안 훨씬 더 빠르게 녹아내렸다. 광대한 그린란드의 빙상은 매우 빠르게 줄어들고 있으며, 완전히 녹게 되면 전 세계 해수면이 최대 6.7미터 상승할 수 있다. 해수면 상승이 그 정도에 이르지 않더라도, 전 세계의 많은 연안 지역은 심각한 피해를 입게 될 것이다. 예를 들면, 태평양의 작은 섬나라인 투발루나 키리바시는 결국 사라질 위험에 처할 것이다. 또한 도쿄, 뉴욕, 런던, 시드니 등 연안의 큰 도시는 상당 부분이 침수될 것이다.

그러나 지구온난화로 인한 해수면 상승과 수온 상승만이 지구 해양 생태계를 위협하는 유일한 요인은 아니다. 수산물 남획, 산호초 파괴, 해안 오염, 해양 산성화, 대규모 석유 유출,

유해 폐기물 불법 투기 등은 지구의 해양환경을 심각하게 훼손하고 있다. 특히 주목할 만한 사례로, 거대한 **태평양 쓰레기벨트**를 들 수 있다. 이 벨트는 유독한 비분해성 플라스틱과 화학 슬러지의 거대한 부유 더미로, 그 크기는 한반도 면적의 약 6배에 달하며, 북태평양의 강력한 해류를 따라 영구적으로 순환하고 있다.

더 끔찍한 사례로, 2011년 3월 일본에서 1만 5000명 이상의 목숨을 앗아간 지진과 쓰나미에 의해 생성된 거대한 부유 잔해 지대를 들 수 있다. 이 재난으로 후쿠시마 제1 원자력 발전소 일부가 파괴되었고, 그 과정에서 유해 방사성 입자가 공기와 물로 유출되었다. 이 잔해 지대는 약 3219킬로미터에 걸쳐 펼쳐져 있으며, 150만 톤의 잔해를 포함하고 있다 (350만 톤은 이미 침몰). 그리고 이 잔해 지대는 불과 15개월 만에 태평양을 횡단하여, 북아메리카 태평양 연안에는 벽 단열재, 석유 및 가스 용기, 자동차 타이어, 어망, 스티로폼 부표 등과 같은 유독물질을 대량으로 퇴적시켰다. 더 무거운 물체들은 수중에서 표류하고 있지만, 몇 년 후에는 수면 위로 떠오를 것이다.

이 모든 처참한 환경 문제의 핵심적인 특징은 그것이 **지구지역적(glocal)**이기 때문에 우리의 웅장한 푸른 행성에 거주하는 모든 지적 생명체에게 심각한 위협이 되고 있다. 2019년

여름 브라질 아마존 지역에서 발생한 약 8만 7000건의 산불은 환경적 지구화의 어두운 측면을 극명하게 보여주었다. 브라질의 포퓰리스트 대통령 자이르 보우소나루의 반생태적 정책에 힘입어, 목장주들과 농민들이 농사를 짓고자 의도적으로 불을 질렀다. 프랑스 대통령 에마뉘엘 마크롱이 지적했듯이, 이러한 지역의 화재는 전 지구적으로 심각한 영향을 끼쳤다. 왜냐하면 아마존의 열대우림은 지구 산소의 20퍼센트를 생성하며, 세계의 '허파'와 같은 역할을 하고 있기 때문이다. 사실, 국경을 넘나드는 오염, 지구온난화, 기후변화, 종의 멸종은 국경이나 지역의 경계를 초월하는 문제들이다. 이것은 인간의 집단적 행동에 발생한 문제이므로, 개별적인 원인과 결과로 나눌 수 없으며, 따라서 조직적이고 전 지구적인 대응이 필요하다.

이 악순환의 추가적인 결과로 질병 증가, 사망률 상승, 기반시설 붕괴 등이 발생한다. 그러나 생활비의 지속적 상승으로 빈곤한 가구나 지역사회는 미래의 긴급 상황에 대비해 저축할 수가 없다. 〈스턴 보고서(Stern Report)〉 등 최근의 과학적 리뷰는 기후변화 문제를 빈곤국의 개발 및 원조 제공과 명확하게 연결하고 있다. 이들 국가가 기후변화에 적응하고 살아남기 위해서는 선진국의 원조가 필수적이다. 따라서 기후변화와 지구온난화는 단순한 환경 문제나 과학 문제가 아니다. 이는 지구화 과정에서 확대·강화된 경제적, 정치적, 문화적 문제일 뿐 아니라 무엇보다도 윤리적 문제이다.

기후변화의 심각성과 이에 대한 지구공동체(global community)의 최선책이 무엇인지에 대해, 공공단체와 학술단체에서 많은 논의가 이루어져왔다. 지구환경조약의 주요 목록에서 확인할 수 있듯이, 지구온난화와 환경 파괴 문제에 관한 국제적 논의는 30년 이상 지속되어왔다. 그러나 이 문제에 대해 많은 논의가 이루어졌음에도, 실질적 대책은 거의 마련되지 않았다. 대부분의 국제환경 조약에는 여전히 효과적인 강제수단이 부족한 실정이다.

대체로 즉각적인 변화를 요구하는 정치적 노력은 제한적이었다. 하지만 2015년 12월 프랑스 파리에서 개최된 '유엔 기후변화협약 정상회의'는 머지않은 미래에 탄소 제로의 세계로 이행한다는 명확한 목표를 제시하면서, 기후변화 대응을 위한 행동의 전환점이 되었다. 역사상 처음으로 세계의 모든 국가가 기후변화 대처에 만장일치로 동의한 이 파리기후변화협약에는 여러 핵심 내용이 포함되어 있었다(표5).

첫째, 모든 국가가 기온 상승 억제에 노력하기로 약속했다. 둘째, 인간 활동으로 인한 온실가스 배출량을 자연적으로 흡수할 수 있는 수준으로 제한하기로 약속했다. 이 제한은 2050년부터 2100년 사이에 시작될 예정이다. 셋째, 각국은 5년마다

조약/회의 명칭	보전/보호	연도
유네스코 세계유산, 파리	문화유산과 자연유산	1972
UN환경계획회의, 스톡홀름	환경 일반	1972
멸종 위기에 처한 야생 동식물의 국제 거래에 관한 협약, 워싱턴D.C.	멸종 위기종	1973
해양오염방지협약, 런던	선박에 의한 해양 오염	1978
UN해양법 조약	해양 생물종, 오염	1982
빈 의정서	오존층	1985
몬트리올 의정서	오존층	1987
바젤협조약	유해 폐기물	1989
환경기후변화에 관한 UN '리우정상회의'	생물 다양성	1992
자카르타협약	해양과 연안의 생물 다양성	1995
교토의정서	지구온난화	1997
로테르담협약	산업 오염	1998
요하네스버그 세계정상회의	생태적 지속가능성, 오염	2002
발리행동계획	지구온난화	2007
UN코펜하겐기후정상회의	지구온난화	2009
UN칸쿤기후정상회의	지구온난화	2010
UN더반기후정상회의	지구온난화	2011
UN리우+20	지속가능한 발전	2012
UN기후정상회의	기후	2015

표 5 주요 지구환경조약/회의(1972~2015)

온실가스 배출 감축 현황을 점검하고, 이를 바탕으로 향후 감축 노력을 강화·확대하기로 합의했다. 마지막으로, 선진국은 개발도상국의 기후변화 적응과 화석 연료에서 재생에너지로의 전환을 위해 '기후 자금'을 지원하기로 약속했다. 이는 온실가스 배출의 주된 책임이 개발도상국에 있지 않음을 인정한 것이었다. 따라서 파리기후변화협약은 개발도상국이 빈곤에서 벗어나기 전까지는 온실가스 배출 제한의 주된 책임을 선진국이 져야 한다고 규정한 것이다.

2016년 파리협정의 최종 서명은 환경의 지속가능성을 위한 전 지구적 노력의 중요한 이정표였지만, 이는 태양광, 풍력, 조력 등의 비화석에너지를 동력으로 하는 탄소 제로 세계로 가는 긴 여정의 첫걸음에 불과하다. 그러나 이 위대한 첫걸음도 2017년 6월 트럼프 행정부의 파리협정 탈퇴 선언으로 심각한 타격을 입었다. 트럼프 정부는 파리협정이 미국 경제에 '손해를 끼쳤다'고 주장하며, 대신 '미국 최우선 에너지 계획'을 제시하였다. 이는 재생가능에너지에 대한 오바마 행정부의 약속을 완전히 뒤집은 것이다. 그리고 트럼프 정부는 환경 규제와 배출 기준도 완화했으며, 심지어 일부 국립공원과 보호 근해에서의 석유 채굴을 촉진하기까지 했다. 마지막으로, 대규모 석탄 채굴 허용을 포함한 화석연료 산업을 지원하겠다고 약속했다. 도널드 트럼프 미국 대통령은 전 지구적 기후변화를 '중국의 음모'라고 주장하며, 미국은 온실가스 배출 감축에 전념하지 않겠다고 선언했다. 그러나 기후변화에 대한 이와 같은 무대응은 미래의 경제성장에 더욱 심각한 결과를 초래할 것으로 예상된다(표6, 표7).

확실히 기후변화를 둘러싼 논의는 지구화의 주요 차원들이 어떻게 상호작용하는지를 명확히 보여주는 사례이다. 현재 정치적, 문화적 지구화가 지구의 생태적 요구에 부응하지 못하고 있는 실정이다. 그러나 시간이 얼마 남지 않았다. 일부 선도적인 과학자들은 향후 10년이나 20년 내에 적절한 조치를 취하지 않으면, 기후변화와 생태계 악화의 끔찍한 과정을 되돌리기에는 너무 늦어질 수 있다고 경고한다. 2020년대 초, 우리는 어머니 지구가 심각히 병든 상태를 마주하면서, 현대의 지구화 단계가 인류 역사상 가장 환경 파괴적인 시기임을 분명하게 확인할 수 있었다. 그러나 지구 행성의 생태적 한계에 대한 인식이, 국경을 초월한 새로운 정치적 협력으로 신속하게 전환될지는 아직 불확실하다. 제7장에서 논의하겠지만, 지구화의 의미와 방향을 둘러싼 이데올로기적 투쟁의 결과에 따라 크게 좌우되기 때문이다.

국가	총배출량(단위 : 100만 톤)	1인당 배출량(단위 : 톤)
중국	9,839	6.9
미국	5,269	16.1
인도	2,467	1.8
러시아	1,693	11.7
일본	1,205	9.4
독일	799	9.6
이란	672	8.1
사우디아라비아	635	18.6
대한민국	616	12.0
캐나다	573	15.2
전 세계 총합/평균	36,153	4.7

출처: 세계경제포럼(WEF), 〈https://www.weforum.org/agenda/2019/06/chart- of-the-day-these-countries-create-most-of-the-world-s-co2-emissions/〉.

표 6   이산화탄소 배출량 상위 10개국 (2019)

연도	총배출량(단위 : 100만 톤)
1750	3
1800	8
1850	54
1900	534
1950	1,630
2000	23,650
2020	37,000

출처: Our World in Data, 〈https://ourworldindata.org/co2-and-other-greenhouse-gas-emissions〉.

표 7　장기적인 세계 이산화탄소 배출량(1750~2020)

제 7 장

지구화에 관한
이데올로기적
대립

　지구화도 모든 사회적 과정과 마찬가지로, 그 자체에 대한 강력한 서사(narrative)가 존재하는 **이데올로기적** 차원에서 작동한다. 예를 들어, 지구화를 '좋은 것인가, 나쁜 것인가'를 두고 벌어지는 격렬한 논쟁이 그 서사의 한 예이다. **이데올로기**는 사회의 주요 집단이 진리로 받아들이는 널리 공유된 사고방식이나 패턴화된 신념의 강력한 체계다. 공유된 심상 지도(mental map)와 같은 역할을 하는 이데올로기는, 현실세계와 당위세계에 관한 다소 일관된 세계상을 제공한다. 이를 통해 이데올로기는 사회적·정치적 행동의 지침이나 나침반과 같은 기능을 하여, 복잡한 인간의 경험을 보다 단순한 '주장'으로 정리해준다. 그 주장은 사회적 엘리트들이 자신들의 이익을 정당화하고, 기존의 권력 구조를 옹호하거나 도전하는 데 활용된다. 따라서 이데올로기는 인간 행동의 방향을 정하고 조직화하면서 이론과 실천을 연결한다.

냉전이 종식된 후 크게 유행했던 '이데올로기의 종언'이라는 유토피아적 주장과는 대조적으로, 21세기 초에는 다양한 형태의 '지구주의(globalism)' 사이에서 첨예한 **이데올로기 대립**이 일어났다. 그중에서도 가장 지배적인 이데올로기는 **시장지구주의(market globalism)**는 '지구화'에 자유시장의 규범과 신자유주의적 의미를 부여하려는 지배적인 이데올로기다. 이에 맞서는 정치적 좌파의 **정의지구주의**(justice globalism)는, 지구적 연대와 분배적 정의라는 평등주의적 이상에 기초해 지구화를 대체하는 비전을 구축하고 있다. 그리고 정치적 우파의 **종교지구주의**(religious globalism)는 시장지구주의와 정의지구주의 모두에 반대하며, 전 지구적 관점에서 상상되는 종교적 공동체를 동원하고자 한다. 이러한 큰 차이에도 불구하고, 세 개의 지구주의는 중요한 기능을 공유하고 있다. 그것은 부상하고 있는 지구적 상상력, 즉 공동체를 전 지구적 사회 전체로 상상하는 뿌리깊은 사고방식을 서로 경쟁하는 정치 프로그램이나 의제로 전환하고 있다는 점이다.

최근 몇 년간 이와 같은 지구주의의 사상 투쟁에서 재래의 국가적 상상력을 고집하는 **반(反)지구화**의 강력한 목소리가 부상하였다. 미국의 도널드 트럼프(그림 14), 프랑스의 마린 르펜, 영국의 나이절 패라지 등과 같은 **반지구화 포퓰리스트**와 **경제보호주의자들**은, 시장지구주의의 이데올로기적 지배에 도전하여 상당한 성과를 거두었다. 이들의 정치적 비전에는 지구화의 핵심을 이루는 초국적 역동성에 대한 거센 반발이 반영되어 있다. 지금부터 지구화와 관련된 주요 이데올로기들을 차례로 살펴보자.

시장지구주의

1990년대 초부터 시장지구주의는 전 세계의 지배적 정치 이데올로기로 자리잡았다. 이 이데올로기는 기업 경영자, 초국적 대기업의 중역, 기업 로비스트, 영향력 있는 언론인과 홍보 전문가, 지식인, 유명인과 연예인, 국가 관료, 정치가 등 전 지구적 파워 엘리트들에 의해 체계적으로 정립되어 전 세계로 확산되고 있다. 시장지구주의의 주창자들은 소비주의적이고 자유로운 시장 세계라는 신자유주의적인 이미지를 통해 여론을 가득 채운다. 그들은 단일한 전 지구적 시장을 대중에게 홍보하며, 지구화가 더 나은 지구적 질서를 실현하기 위한 필수 도구라고 주장한다.

시장 통합으로서의 지구화에 대한 이러한 호의적 시각

14 UN 총회에서 연설하는 도널드 트럼프 미국 대통령 (2018년 9월 25일)

은, 여전히 세계 각지에서 공공 여론과 정치적 선택에 영향을 미치고 있다. 상품 교환이 모든 사회의 핵심 활동 중 하나이기 때문에, 지구화에 대한 시장지향적인 논의는 단순한 정보나 의견 교환을 넘어 대중에게 소비되는 중요한 상품으로 기능한다. 〈비즈니스 위크(Business Week)〉, 〈이코노미스트(Economist)〉, 〈포브스(Forbes)〉, 〈월스트리트 저널(Wall Street Journal)〉, 〈파이낸셜 타임스(Financial Times)〉 등 지구적으로 발행되는 영향력 있는 매체들은 독자들에게 시장지구주의의 주장을 지속적으로 전달하고 있다. 이러한 슬로건의 반복적이고 공개적인 제시는, 그들이 주장하는 내용을 현실로 만드는 효과를 가져온다. 특히, 신자유주의적 정책이 점점 더 채택되면서, 시장지구주의의 주장이 대중의 마음에 더욱 공고히 자리잡게 된다.

수백 개의 온라인 및 오프라인 신문과 잡지 기사를 분석한 결과, 영향력 있는 시장지구주의자들의 발언, 연설, 저작에는 매우 일관되게 나타나는 다섯 가지 주요 이데올로기적 주장이 있었다(상자 10).

모든 이데올로기와 마찬가지로, 시장지구주의도 그 핵심 개념에 권위 있는 정의를 확립하려는 시도에서 출발한다. 제3장에서 살펴보았듯이, 시장지구주의의 설명은 미래의 전 지구적 질서의 틀로 기능할 '자기 조절하는 시장'이라는 신자유주

> **상자 10   시장지구주의자의 다섯 가지 주장**
>
> 1. 지구화는 시장의 자유화와 전 지구적 통합을 의미한다.
> 2. 지구화는 피할 수 없으며 되돌릴 수 없는 과정이다.
> 3. 지구화에는 특정한 책임자가 존재하지 않는다.
> 4. 지구화는 모든 이에게 이익을 가져다준다.
> 5. 지구화는 전 세계에 민주주의의 보급을 촉진한다.

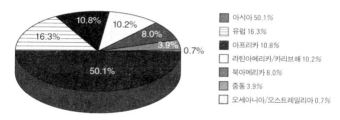

아시아 50.1%
유럽 16.3%
아프리카 10.8%
라틴아메리카/카리브해 10.2%
북아메리카 8.0%
중동 3.9%
오세아니아/오스트레일리아 0.7%

G   세계 지역별 인터넷 사용자 수(2019년)

의적 아이디어에 기반을 두고 있다. 그러나 '주장 1'의 문제점은, 시장의 자유화와 통합이라는 핵심 메시지가 단지 자유시장을 설계하고 실행하는 **정치적** 기획을 통해서만 실현가능하다는 것이다. 따라서 시장지구주의자는 시장을 제약하는 사회 정책과 제도를 약화시키거나 배제하기 위해 정부의 권한을 이용할 준비가 되어 있어야 한다. 기존의 사회 구조를 변혁하는 야심 찬 과제를 해결할 수 있는 것은 강력한 정부만이 해결할 수 있기 때문에, 시장의 자유화를 성공시키기 위해서는 중앙집권적 국가권력의 개입과 간섭이 필수적이다. 그러나 이러한 행동은 정부의 역할을 제한하고자 하는 신자유주의적 이상과는 극명하게 대조를 이룬다. 그럼에도 불구하고, 시장지구주의자들은 정부가 자신들의 정치적 의제를 실행하는 데 매우 적극적인 역할을 할 것으로 기대한다.

'주장 2'는 지구화를 시장의 자유화와 지구적 통합으로 이해하고, 지구화의 역사적 불가피성과 불가역성을 확립하고 있다. 시장지구주의자들은 지구화를 날씨나 중력과 같은 일종의 자연적 힘으로 묘사함으로써, 사람들에게 생존과 번영을 위해 시장의 규율에 적응해야 한다고 설득하기가 더 쉬워진다. 따라서 이러한 불가피성의 지구화에 대한 공적 논의를 탈정치화한다. 다시 말해, 신자유주의 정책은 정치를 초월한 것이며, 자연의 섭리를 실행한다는 것이다. 마거릿 대처 전 영국 총리의 유명한 말처럼, 신자유주의 외에 "다른 대안은 없다."는 것이다. 경제력과 기술력이 대항할 수 없는 '자연의 법칙'에 따라 움직이는 것이라면, 이에 대한 정치적 저항은 부자연스럽고 비이성적이며 위험한 것으로 간주될 수 밖에 없다.

시장지구주의의 결정론적 언어는 추가적인 수사학적 이점을 제공한다. 만약 시장의 자연법칙이 역사적으로 신자유주의적 진로를 사전에 결정했다면, 지구화는 특정 사회계급이나 집단의 자의적인 의도를 반영한 것이 아니라는 주장을 가능하게 한다. 이 경우, 시장지구주의자는 단지 양심에 따라 초월적 힘의 불변하는 명령을 실행하고 있을 뿐이다. 지구화를 주도하는 것은 인간이 아닌 시장과 기술이라는 것이다. 그러나 '주장 3'의 배후에 있는 논리는 형식적인 의미에서만 타당하다. 사악한 단일 세력에 의한 조직된 의도적인 음모는 존재하지 않을지 모르지만, 그렇다고 해서 지구화를 책임질 사람이 아무도 없다는 뜻은 아니다. 전 지구적 시장의 자유화와 통합은 인간의 선택 범위를 벗어난 일이 아니다. 시장지구주의자의 구상은 세계시장을 통합하고 규제를 완화함으로써 특정 계층이나 세력에게 유리한 비대칭적인 권력관계를 창출하고 이를 유지한다. 따라서, 지구화로 인한 결과에 대한 책임도 결국 그들이 져야 한다.

"지구화는 모든 이에게 이익을 가져다준다"는 '주장 4'는 시장지구주의의 핵심을 이룬다. 이 주장은 지구화가 '좋은가', '나쁜가'라는 중대한 규범적 질문에 대해 긍정적인 답을 제공하기 때문이다. 제3장에서 논의했듯이, 시장지구주의자는 무역자유화의 이점을 전 지구적 생활수준 향상, 경제 효율성 증대, 개인의 자유 확대, 전례없는 기술 진보 등과 연관 짓는 경향이 있다. 그러나 시장의 역학이 사회적·정치적 성과를 지배하는 되면, 지구화의 기회와 보상은 종종 불평등하게 분배된다. 그 결과, 권력과 부는 수많은 이들의 희생을 바탕으로 소수의 개인, 지역, 기업에 집중될 뿐이다. 이러한 편향된 시장 역학은 정보에 대한 디지털 접근성에도 동일하게 적용되어, 일부에게만 유리하게 작용한다(그림 G).

"지구화는 전 세계에 민주주의의 보급을 촉진한다"는 '주장 5'는 자유시장과 민주주의가 동의어라는 신자유주의적 전제에 기반한다. 이 전제는 여전히 '상식'으로 받아들여지며, 이 두 개념의 실제 호환성은 공적 담론에서 거의 문제시되지 않는다. 사실, '주장 5'는 투표 등의 형식적 절차만을 중시할 뿐, 정치적·경제적 의사결정에서 광범위한 다수의 직접 참여를 희생하는 민주주의 개념에 의존하고 있다. 따라서 이 '주장 5'는 상당히 축소된 민주주의의 정의에 근거하고 있다.

지금까지 시장지구주의의 다섯 가지 주요 주장을 살펴본 결과, 지구화에 대한 신자유주의적 담론이 정치적 동기에 기초한 이데올로기임을 확인할 수 있었다. 이는 기존의 권력관계를 유지하고 안정화하려는 특정한 지구화의 의미를 구축하는 데 기여하고 있다. 시장지구주의는 포괄적인 신자유주의적 세계관을 선전하는 강력한 서사를 통해 공통의 의미를 창출하고, 사람들의 정체성을 형성한다. 그러나 지난 20년간 정의지구주의자들의 시위와 지하디스트-지구화주의자(jihadist-globalist)의 테러 행위는 시장지구주의 이데올로기가 강력한 저항에 직면하고 있음을 분명히 보여준다.

정의지구주의

정의지구주의는 '지구정의운동(Global Justice Movement, GJM)'
으로 알려진 사회적 연합체나 정치적 행위자와 관련된 정치
사상이나 가치관을 말한다. 이는 1990년대 국제적인 비정부
기구와 활동가 그룹의 진보적인 네트워크로 등장했고, 제4장
에서는 '지구적 시민사회'로 규정했다. 지구정의운동은 지구
의 북반구와 남반구 간의 보다 공평한 관계를 확립하는 것을
목표로, 지구환경보호, 공정무역, 국제 노동 문제, 인권, 여성
문제 등에 힘써왔다. 20세기가 끝나갈 무렵, 시장지구주의와
이에 맞서는 정치적 좌파 간의 새로운 이데올로기 논쟁은 전
세계 여러 도시에서 거리 시위로 발전했다. 대표적인 사례로,
'시애틀전투'로 알려진 시위에서 수만 명의 시민이 세계무역
기구(WTO)의 신자유주의 정책에 항의했다(그림 15).

21세기 첫 10년 동안, 정의지구주의 세력은 정치적 영향력
을 유지하고 있었다. 그 증거로, 정의지구주의의 **핵심적인** 이
데올로기 장으로 기능하는 세계사회포럼(World Social Forum)
의 출현을 들 수 있다. 세계사회포럼은 스위스의 다보스에서
개최되는 시장지구주의자들의 세계경제포럼(World Economic
Forum)에 맞서기 위한 '그림자 조직'으로 의도적으로 설립되
었다. 지구 남반구에서 매년 개최되는 세계사회포럼에는 전
세계에서 수만 명의 대표가 참석한다. 시장지구주의자들이 세

15 시애틀 도심에서 세계무역기구(WTO)에 반대하는 시위대와 대치하는 경찰 (1999년
    11월 30일)

상자 11 세계사회포럼의 원리 헌장(일부)

1. 세계사회포럼은 신자유주의 자본의 지배 및 제국주의의 모든 형태에 반대하는 시민사회 단체와 운동의 열린 만남의 장이다. 이 포럼은 인류와 지구 간의 풍요로운 관계를 지향하는 행성 사회를 구축하는 데 헌신한다. 또한, 반성적 사고, 민주적 토론, 제안의 형성, 경험의 자유로운 교환, 효과적 행동을 위한 상호 연결을 추구한다. …… 8. 세계사회포럼은 다원적·다각적·고백적·비정부적·비당파적인 맥락에서 운영된다. 이 포럼은 탈중앙화된 방식으로 지역에서 국제에 이르기까지 구체적인 행동에 참여하는 조직과 운동을 상호 연계하여 '다른 세계'를 건설하고자 한다. …… 13. 세계사회포럼은 상호연결의 맥락에서, 조직과 사회운동 간의 국내 및 국제적 연계를 강화하고 창출하고자 한다. 이는 공적 및 사적 생활 모두에서 비폭력적 사회 저항 능력을 증가시켜, 세계가 겪고 있는 비인간화 과정에 맞서기 위함이다.

상자 12 지구적 뉴딜(New Deal) : 다섯 가지 요구

1. 제3세계 부채의 일률적 탕감을 포함하는 전 지구적 '마셜 플랜 (Marshall Plan)'[26]

2. '토빈세(Tobin Tax)'[27] 부과 : 국제금융거래에 과세하여 지구 남반구에 이익 제공

3. 부유한 개인이나 법인을 위한 조세 회피 수단인 역외금융센터 폐지

4. 엄격한 전 지구적 환경협정 실시

5. 보다 공정한 전 지구적 개발 의제 실시

상자 13 정의지구주의의 다섯 가지 핵심 주장

1. 신자유주의는 전 지구적 위기를 초래한다.

2. 시장 주도의 지구화는 전 세계적인 빈부와 격차를 확대했다.

3. 지구적 문제를 해결하기 위해서는 민주적 참여가 필수적이다.

4. 또다른 세계의 건설은 가능하며, 이는 긴급하게 필요하다.

5. 사람들의 권력이지 기업의 권력이 아니다!

계경제포럼을 자신들의 아이디어와 주장을 전 지구의 청중에게 전달하기 위한 플랫폼으로 활용하듯이, 정의지구주의자들도 세계사회포럼을 통해 **새로운 지구적 협정**에 대한 자신들의 정책 요구를 공표했다(상자 11, 상자 12).

2008년 세계금융 위기를 계기로, 전 세계의 다양한 '점령하라(Occupy)' 운동이 정의지구주의의 새로운 얼굴이 되었다. 2011년 미국에서 '월가를 점령하라' 운동은 정치 무대에 등장한 뒤 불과 몇 달 만에 전 세계의 주요 도시로 확산되어, 전 지구적 항의 운동으로 발전했다. 중동의 아랍의 봄과 스페인의 '**분노한 사람들(Los Indignados)**'에서로부터 촉발된 '점령하라' 운동의 활동가들은, 지구화의 불평등과 금융기관들의 무책임한 행태에 분노를 표출했다. "우리가 99퍼센트다"라는 슬로건을 내걸고, 전 세계의 '점령하라' 시위자들은 월가 근처의 뉴욕 주코티공원 등 중요한 상징적 장소를 점거해, 자신들이 바라는 평등한 사회를 모범적으로 구현하고자 했다. '월가를 점령하라' 운동은 기존의 조직적인 지도체제를 부정하고, 비중앙집권적인 '총회'와 실무 그룹을 구성했다. 그러나 합의에 기초한 의사결정 과정을 추구한 그들의 노력은 신속한 전략 결정과 실행이 어려워져, 운동이 정치적 영향력을 발휘하는 데 한계를 드러냈다. 이로 인해 '점령하라' 운동은 비교적 빠르게 소멸되었다.

　　시장지구주의의 중심 주장에 이의를 제기하는 정의지구주의자들은, 세계사회포럼의 주요 슬로건이 시사하듯 **'다른 세계의 건설'이 가능하다**고 믿는다. 이들은 부와 권력의 지구적 재분배에 기반한 새로운 세계질서 구축을 구상하며, 지구화와 지역의 행복 사이에 중대한 연관성이 있음을 강조한다. 정의지구주의자들은 시장지구주의 엘리트들이 신자유주의 정책을 추진하면서, 그 결과 전 지구적인 불평등 확대, 높은 실업률, 환경 파괴, 사회복지 붕괴를 초래하고 있다고 비난한다. 지난 20년간 정의지구화론자는 정의지구주의자들은 시장지구주의자들의 '기업 의제'[28]에 대항하는 다섯 가지 핵심 이데올로기적 주장을 정립하였다(상자 13).

종교지구주의

　　정의지구주의자들이 국제통화기금(IMF)이나 세계은행(World Bank)에 반대하는 시위를 조직하고 있던 무렵인 2001년 9월 11일, 알카에다(Al Qaeda)[29] 테러리스트들이 미국을 습격했다. 세계 여러 나라에서 온 거의 3000명 가까운 무고한 사람들이 2시간도 안 돼 목숨을 잃었다. 이들 중에는 붕괴하는 세계무역센터 빌딩에서 끝까지 구조 작업을 하다가 희생된 수백 명의 용감한 뉴욕 경찰관과 소방관이 포함되어 있었다

16 화염에 휩싸인 세계무역센터의 쌍둥이 빌딩 (2001년 9월 11일)

(그림 16). 9·11 테러 이후 몇 년 동안 이슬람 극단주의자들은 테러 활동을 미국에만 국한하지 않았다. 이라크·시리아 이슬람국가(ISIS), 알카에다, 제마 이슬라미야(Jemaah Islamiyah)[30], 보코하람(Boko Haram)[31], 알샤바브(Al Shabaab), 아부 사야프(Abu Sayyaf)[32] 등의 지역적 지하디스트 네트워크는 전 세계의 민간인과 군인을 정기적으로 표적의 대상으로 삼았다.

이라크·시리아 이슬람국가와 알카에다는 종교지구주의를 신봉하는 극도로 폭력적인 이슬람 조직이다. 신앙에 따라 연결된 지구적 정치공동체라는 종교적 비전은 이들만의 것이 아니었다. 그 비전은 여러 종교 집단에 의해 채택되고 있었다. 예를 들어, 하나님의 군대(Army of God)[33]나 그리스도교 정체성(Christian Identity)[34]과 같은 근본주의적 그리스도교 집단뿐만 아니라, 몰몬교, 파룬궁(法輪功), 옴진리교, 그리고 전 지구적 야심을 가진 정통 유대교 운동인 채바드(Chabad)[35] 등이다. 그렇다고 해서, 종교적 열망을 바탕으로 한 전 지구적 공동체의 표현이 모두 보수적·반동적·폭력적인 것은 아니다. 다만 종교지구주의의 중요한 특징은, 이들의 이데올로기가 세계적 패권을 지향하며, 국가나 세속적 정치 구조보다 우위를 점하려 한다는 사실이다. 이라크·시리아 이슬람국가나 옴진리교와 같은 집단은, 자신들의 최종 목표를 달성하기 위해 종종 '우주전쟁' 등과 같은 표현으로 포장된 극단적 폭력 수단을 사용하기도 한다.

　지하디스트 이슬람주의는 오늘날 종교지구주의의 가장 극단적인 형태로 볼 수 있다. 이라크·시리아 이슬람국가와 알카에다의 이데올로기를, 이슬람 전체나 훨씬 온건한 '정치적 이슬람' 및 '이슬람 근본주의'와 동일시하는 것은 부적절하다. '지하디스트 이슬람주의'라는 용어는 이슬람교에서 파생된 이데올로기 중 극도로 폭력적인 계파에 한정하여 사용해야 한다. 그 이데올로기는 종교적 신념을 기반으로 한 전쟁을 신앙의 핵심 요소로 삼고 있다. 이라크·시리아 이슬람국가와 보코하람의 최근 테러 활동이 보여주듯이, 지하디스트 이슬람주의는 부상하는 지구적 상상을 종교지구주의에 연결하는 가장 영향력 있고 강력한 시도다.

　지하디스트 이슬람주의는 **움마**(umma, 이슬람 신자 공동체)와 **지하드**(신과 움마를 위해 순수하게 불신앙과 대결하는 무장·비무장 투쟁)라는 핵심 개념에 힘입고 있다. 사실 지하디스트 지구주의자들은 움마를 유일신에 대한 믿음으로 맺어진 단일 공동체로 이해한다. 그들은 이방인 침략자들과 부패한 이슬람 엘리트들과 싸워 상황을 바로잡을 강력한 지도자를 종교적 포퓰리즘의 상징으로 동경한다. '무슬림 대중'에게 권력을 되찾아주고, 움마에 예전의 영광을 회복시키겠다고 주장한다. 그들의 관점에서, 이러한 부흥은 소수지만 헌신적인 종교 전

사들의 선봉에서 시작된다. 이들은 전통적인 이슬람 국가에 국한되지 않고, 전 세계의 움마 구성원들이 신의 지배를 확립하도록 활동한다. 이들은 사람들에게 신성한 의무를 상기시키는 거룩한 대의를 위해, 순교자로서 목숨을 기꺼이 바친다.

오늘날 세계 무슬림의 3분의 1이 비이슬람국가의 소수민족으로 생활하고 있다. 이에 따라 지하디스트 이슬람주의자들은 이슬람의 부흥이 더이상 지역적, 국가적, 지방적 사건이 아니라고 여긴다. 그들은 전 세계의 여러 지역에서 활동하는 지하디스트가 앞장서는 **전 지구적** 총력전이 필요하다고 본다. 이러한 형태의 종교지구주의는 15세부터 30세까지의 젊은 무슬림들에게 강한 호소력을 지닌다. 그들은 개인화되고 탈문화화된 서양화된 이슬람교 환경에서 성장하면서, 전통적인 공동체 의식과 정체성을 잃는 경우가 많다. 이때 지하디스트들이 주장하는 '움마의 부흥'과 '신성한 대의'는 그들에게 새로운 소속감과 삶의 의미를 제공하며 강한 호소력을 발휘한다. 지난 20년 동안 가장 끔찍한 몇몇 테러를 저지른 이 새로운 지하디스트 신병들은 서양화된 이슬람교 환경에서 성장한 산물이었다.

따라서 지하디스트 지구주의는 20세기 현대의 세속체제와 싸우던 종교적 국가주의의 정치적 틀인 '시리아'나 '중동'이라는 제한된 지역을 넘어서, 이제는 전 지구적 공간으로 확산되고 있다. 이라크·시리아 이슬람국가와 같은 조직은 자신들이 상상하는 움마와 '지구적 불신앙' 간의 대립을 '문명 충돌'로 보고, 이를 선과 악의 세력으로 구분하는 마니교적 이원론(Manichean dualism)[36]의 관점에서 해석한다. 그러나 그들의 지구주의적 이데올로기는 명확히 문명의 경계를 초월한다. 지하디스트 이슬람주의는 여전히 사람들의 국가적 또는 부족적 연대에 강하게 공명하는 은유를 유지하고 있다. 동시에, 그들의 냉혹한 비전은 시장지구주의와 정의지구주의 모두에 이데올로기적으로 도전하며, 공동체를 분명히 전 지구적 관점에서 상상한다.

반지구주의자 포퓰리즘의 도전

세계금융 위기와 유럽 재정 위기의 심각한 경제적 결과는 서민들에게 가혹한 긴축 정책으로 직접적인 타격을 주며 더욱 악화되었다. 신자유주의 체제는 경제적 무책임을 저지른 금융 부문을 제대로 처벌하지 못해 문제를 더욱 심화시켰다. 게다가 2010년대 중반, 이민 유입 증가로 전통적 문화 정체성이 위협받고 있다는 인식이 확산되었다. 그 결과, 신자유주의적 비전에서 벗어나려는 근본적인 이데올로기의 변화가 일어났다. 시장지구주의의 주장에 대한 일반인들의 믿음은, 국민국가를 초월하려는 위대한 실험이 통제 불능 상태에 빠지자, 이를 통제해야 한다는 광범위한 공포로 바뀌었다. 권위주의적 정치인들은 이러한 대중의 불만을 기회로 삼아, '세계시민주의적 엘리트들'이 노동자 대중을 기만하고 있다고 비난했다. 또한, 신자유주의로 인해 '소외된 대중'에게 국가 통제로의 회귀를 약속했다. 이러한 호소는 미국의 패트릭 뷰캐넌과 오스트리아의 외르크 하이더 등 여러 국가의 포퓰리즘 정치인들이 이미 1980년대부터 해왔던 것이다. 그러나 당시 기존 주류 정당을 지지했던 대부분의 유권자들에게는 호소력이 없었다.

2016년, 영국에서 브렉시트 지지 세력이 예상을 뒤엎고 승리했고, 몇 달 뒤 미국에서는 도널드 트럼프가 충격적으로 대통령에 당선됐다. 이는 기존 정치에 대한 대중의 분노와 불만이 극명하게 드러난 것이었다. 우파 포퓰리즘 세력은 점진적으로 성장해왔으며, 특히 디지털 소셜 미디어의 등장 이후 빠르게 확산되었다. 영향력 있는 미디어 평론가들은 이를 '포퓰리즘의 폭발'이라고 표현했다(상자 14).

그러나 이 포퓰리즘의 약진은 2016년에 그치지 않았다. 지난 몇 년간 포퓰리스트들은 그 세력을 확정해왔으며, 특히 2019년의 유럽의회 선거에서 그 영향력이 두드러졌다. 이들의 정당과 후보자들은 그동안 견고한 거점이었던 헝가리, 폴

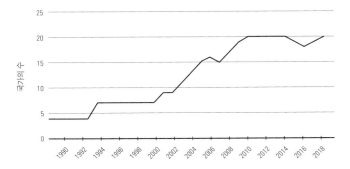

상자 14   국가 포퓰리즘은 무엇인가?

프랑스의 철학자 장피에르 타기예프(Jean-Pierre Taguief)는 1984년 '국가포퓰리즘(national populism)'이라는 용어를 창안했다. 이는 장-마리 르펜(Jean-Marie Le Pen)과 그가 이끄는 프랑스 우파 정당 국민전선의 정치적 담론을 지칭하기 위함이었다. 이 국민전선은 2018년 장마리 르펜의 딸인 마린 르펜(Marine Le Pen)의 지도 아래 '국민연합(Rassemblement National)'으로 개명했다. 이른바 국가 포퓰리즘은 민족/인종과 문화를 연결하는 본질주의적 정체성에 기반한 신화적 국민 통합을 상상한다. 이들은 '부패한 엘리트'나 '기생충' 같은 정치기관의 배신으로부터 순수한 '보통 사람들'을 보호한다고 주장한다. 국가 포퓰리스트들은 지도자와 '민중' 간의 직접적인 관계를 중시하고, 좌파 노동자계급의 가치관과 우파의 반이민적 시각을 결합하는 경향이 있다. 최근 포퓰리즘 연구자들 사이에서, '국가포퓰리즘'이라는 용어는 세계 여러 지역의 변형된 우파를 포괄하는 총칭으로 사용되는 추세를 보이고 있다.

ㅏ   포퓰리스트가 집권한 국가 수 (1990~2018)

란드뿐만 아니라, 전통적으로 중도적 성향을 보여온 프랑스와 이탈리아 같은 주요 국가에서도 선두로 올라섰다. 그러나 가장 놀라운 것은, 영국에서 나이절 패라지가 새로 창당한 브렉시트당이 32퍼센트라는 경이적인 득표율로 1위를 차지한 일이었다.

국가 포퓰리즘의 비자유주의적이고 권위주의적 성향은, 자유민주주의의 다원주의적이고 포괄적 가치관과는 극명한 대조를 이룬다. 그럼에도 불구하고, 포퓰리즘은 자유민주주의 국가뿐만 아니라, 권위주의 국가에서도 성공을 거두고 있다. 예를 들어, 오르반 빅토르의 헝가리, 블라디미르 푸틴의 러시아, 자이르 보우소나루의 브라질, 노르베르트 호퍼의 오스트리아, 마린 르펜의 프랑스, 마테오 살비니의 이탈리아, 야로스와프 카친스키의 폴란드, 나이절 패라지의 영국, 폴린 핸슨의 오스트레일리아, 이반 두케의 콜롬비아, 로드리고 두테르테의 필리핀, 그리고 물론 도널드 트럼프의 미국 등이 있다(그림 H).

트럼프의 반지구화 포퓰리즘

국가 포퓰리즘의 이데올로기적 구조를 더 잘 이해하기 위해 '트럼프주의(Trumpism)'를 살펴보도록 하자. 트럼프주의는

1990년대 미국의 패트릭 뷰캐넌이나 로스 페로 같은 국가 포
퓰리스트의 정치적 담론에서 비롯된 강력한 국가 포퓰리즘
이다. 트럼프의 수사학에 증폭된 이 서사의 핵심에는 '지구
화'와 '지구주의'에 대한 경멸이 담겨 있다. 트럼프의 2016년
대선 기간과 대통령 취임 후 3년간(2017~2019) 행한 주요 연
설을 분석한 결과, 그는 '지구주의'에 강한 반감을 가지고 있
으며 경제국가주의(economic nationalism)를 지지하고 있었다.
여기서 경제국가주의란 국가의 경제적 이익을 최우선으로
두고, 자국 산업과 노동력을 보호하며, 외국과의 경제적 상호
작용을 최소화하려는 경제 정책과 이념을 말한다. 이는 전 지
구적 경제 통합을 강조하는 시장지구주의와 대조를 이룬다.

트럼프주의는 국가포퓰리즘의 핵심 입장을 채택하였다.
이는 순수한 대중이 부패한 엘리트와 대립한다는 입장이다.
트럼프주의에서 '기득권층'은 경제, 정치, 문화 영역에서 기
업 미디어의 지원을 받아 민의를 무시하고, 국가의 부를 사익
을 위해 남용한다고 비난받는다. 더 나아가 트럼프주의는 '엘
리트'를 국가 이익에 반하는 '지구주의자 적들'로 규정한다.
이들 중 일부는 '월가의 은행가'나 '워싱턴의 정치인' 등과 같
이 명확하게 미국 내 행위자로 특정되기도 하며, 다른 일부
는 '외국의 행위자'로 묘사된다. 여기에는 조지 소로스(George
Soros)나 기타 국제금융 엘리트와 같은 개인도 있고, 중국, 멕

시코, 일본 같은 국가 전체도 포함된다. 이들 국가는 '상품 보조금 지급, 통화 평가절하, 협정 위반뿐만 아니라, 강간범, 마약 판매자, 기타 범죄자를 미국으로 보내고 있다'는 혐의로 규탄받는다.

이러한 입장에서, 트럼프는 '지구주의'를 '잘못된' 공공 정책이자 '비밀리에 미국의 파괴를 꾀하는 전 지구적 권력구조'가 만든 '증오에 찬 외국의 이데올로기'라며 맹비난한다. 그는 지구주의자들이 '지구화'라는 더 큰 물질적 과정에 봉사하고 있으며, '지구화'를 '국민국가를 폐지하고 미국인 노동자와 미국 경제에 불이익을 주는 국제 시스템을 구축하려는 엘리트들의 프로젝트'라고 규정한다. 마지막으로, 도널드 트럼프는 지구화가 이민, 범죄, 테러 등 '미국을 파괴하는 완전하고도 총체적인 재앙'을 가져온다고 주장한다. 특히 이민 문제에 대해서는 미국 국민의 안전을 위협한다고 여기며, 기존의 '국경을 개방하자는 지구화론자의 정책'을 격렬하게 비난한다.

트럼프는 자신의 핵심 슬로건인 "미국을 다시 위대하게 만들자"를 실현하기 위해서는, 미국 사회생활의 모든 측면에서 '국가적'인 것과 '지구적'인 것을 체계적으로 분리할 필요가 있다고 주장한다. 그는 '지구화론의 거짓 노래'에 속지 말라고 경고하며, '국민국가가 행복과 조화의 진정한 기반으로 계속 남아 있을 것'이라고 강조한다. 트럼프는 '지구주의가 아니라 미국주의가 우리의 신조가 될 것이다'와 같은 국가주의자의 구호를 반복한다. 이는 그의 정치적 담론에서 '지구화'와 관련된 개념이 매우 중요함을 보여준다. 여기서 '신조'라는 단어는 깊은 종교적 의미를 내포한 신념 체계를 가리킨다는 점에 주목해야 하며, 이를 통해 그는 지구주의를 단순한 반대가 아닌, 근본적인 신념 차원에서 거부하고 있음을 알 수 있다.

이러한 맥락에서 트럼프의 국가포퓰리즘을 '반-지구주의 포퓰리즘'으로 명명할 수 있다. 분명히, 트럼프의 반지구주의적 아이디어는 시장지구주의를 주도하는 신자유주의에 강력히 도전하는 이데올로기적 주장들을 만들어내고 있다(상자 15).

아이러니하게도, '트럼프'라는 브랜드명은 '미국주의'로 국한되지 않는다. 오히려 호놀룰루에서 리우데자네이루에 이르는 **세계적인** 호텔 네트워크를 의미한다. 지구화를 규탄하는 트럼프의 국가 포퓰리즘은 그렇다 치더라도, 그가 대표하는 반지구주의 물결 자체가 전 세계를 휩쓸고 있는 지구화하는 힘이다. 심지어 반지구주의 포퓰리즘에도 전 지구적 상호연결성과 의식의 지속적인 역동성이 내재되어 있다. 범세계적 통합이라는 신자유주의적 프로그램에 대한 의심이 점점 커지는 이 시대에도, 지구화는 여전히 포괄적인 개념적 틀과 메타-서사를 제공할 것이다. 요컨대, 지구화는 여전히 중요

상자 15 트럼프의 '반-지구주의 포퓰리즘'의 세 가지 핵심 주장

1. 부패한 엘리트들은 자신들에게 부와 권력을 제공하는 동시에, 조국의 주권과 안전을 해치고 국가의 부를 낭비하는 전 지구적 질서를 유지함으로써 근면성실한 미국 국민을 배신하고 있다.
2. 지구주의가 아니라 미국주의가 우리의 신조가 될 것이다!
3. 지구주의와 그 배신의 이데올로기를 극복함으로써, 미국의 영광스러운 재탄생을 통해 밝은 미래를 이룩할 것이다.

하다. 그 이유는 지구화가 그 혜택이 무엇인지, 그리고 미래에 어떤 방향으로 나아갈 것인지에 대한 활발한 논의의 시금석 역할을 계속할 것이기 때문이다. 이제 마지막으로, 지구화의 미래에 대해 간단히 고찰해보자.

제 8 장

지구화의
미래

제7장에서 결론지었듯이, 지구화의 의미와 방향을 둘러싼 이데올로기적 투쟁은 여전히 해결될 기미가 보이지 않는다. 그러나 현재 국가 포퓰리즘이 부상함으로 인해 이 치열한 이데올로기 대립의 초점이 변화하고 있다. 이제는 '전 지구적 상상의 어떤 표현이 우세할 것인가'보다 '지구화에 반발하는 국가적 상상의 회복으로 인해 과연 지구주의는 빛을 잃게 될 것인가'가 더 중요한 질문이 되었다. 더욱이, 전 지구적 차원의 사회적 관계가 빠르게 강화되는 속도에 비해 이에 대한 인식은 그 속도를 따라가지 못하고 있다. 그 결과, 개별 국가 차원에서는 해결할 수 없는 새로운 전 지구적 문제들이 발생하고 있으며, 이러한 문제들에 대한 대응이 시급해지고 있다. 아마

도 21세기 인류가 직면한 가장 중요한 세 가지 과제는 '경이로운 지구 보전', '전 지구적 불평등 감소', '인간의 안전보장 강화(확대되는 사이버공간 영역 포함)'일 것이다. 이제 우리는 선택의 기로에 서 있다. 이러한 전 지구적 문제들에 협력적이고 초국가적인 방식으로 대처할 것인가, 아니면 상호연결성을 약화시킬 수 있는 새로운 국가주의적 대립의 시대로 접어들 것인가?

이 질문에 답하기 위해, **세 가지 미래 시나리오**를 생각해보자. 첫째, **지구화에 대한** 현재 포퓰리즘의 **반발**이 더욱 거세질 것이라는 전망이다. 이는 반지구주의의 정서가 더욱 강해지는 상황을 의미하며, 그 결과로 세 가지 주요 사회적 전개를 예상할 수 있다. 첫째, **주요 이동수단의 제약이 증가**할 것이다. 둘째, **대의제 민주주의가 쇠퇴하고 비자유주의적 권위주의가 부상**할 것이다. 마지막으로, **심화하는 전 지구적 문제에 대처하기 위한 새로운 국제협력기구를 구축하는 데 실패**할 가능성이 높아질 것이다.

지구화가 따르게 될 미래의 **첫번째 궤도**인 '주요 이동수단의 제약이 증가할 것'이라는 시나리오와 관련해, 현재 포퓰리즘의 성장은 상품, 서비스, 자금의 이동 제한에 대한 몇 가지 경고 신호를 보여주고 있다. 세계의 주요 공항과 항구에서 더욱 강화된 국경 관리와 국가안전보장조치로 인해 국제 무역은 더욱 번거로워졌다. 하지만 가장 중요한 것은 도널드 트럼프 대통령과 같은 포퓰리즘 지도자들이 전 지구적 무역을 자국의 이해에 기반한 국가 간 제로섬 게임으로 보고 있다는 점이다. 따라서 자국의 무역 적자를 줄이기 위해 상품과 서비스에 고율의 관세를 부과하려는 것이다. 만약 트럼프가 계속 대통령직을 유지한다면, 2019년에 시작된 미국과 중국 간의 무역 마찰이 향후 10년간 본격적인 무역전쟁으로 발전하고, 다른 국가와 지역들까지 그 갈등의 궤도에 끌어들일 것으로 예상된다. 그 결과, 소비자들, 특히 부유한 북반구의 소비자들은 많은 상품이나 서비스 가격이 상승할 뿐 아니라, 무역전쟁의 격화가 세계경제 전체의 건전성에 악영향을 미칠 수 있다.

결국, 억제할 수 없는 자유시장 자본주의가 만든 모든 불평등에도 불구하고, 20세기 역사는 중요한 교훈을 주었다. 무역 보호주의는 경제 영역에만 국한되지 않고 국가주의적 경쟁 논리를 지속적으로 악화시킨다는 것을 가르쳐 준 것이다. 이러한 교훈은 현대에도 여전히 적용되며, 많은 국가들이 자국의 명예와 영향력을 위해 치열하게 경쟁하고 있다(그림 17). 특히 우려되는 점은 세계 최대의 군사력을 보유한 미국의 대통령이 예측 불가능하고 권위주의적인 포퓰리스트이며, 더욱이 자국을 '다시 위대한 나라'로 만들겠다고 약속한다는 것이다. 만약 중국이나 이란처럼 공공연하게 '적국'으로 지정된

17 G-20 정상회의에서 시진핑 중국 국가주석과 도널드 트럼프 미국 대통령 (2019년
    6월 29일)

국가가 미국의 경제적 지배권을 위협하게 된다면, 이는 전 지구적 규모의 군사적 충돌로 발전할 수도 있다.

　마찬가지로 사업 출장자, 관광객, 경제 이민자, 정치 난민 등 국경을 넘는 사람들의 이동에 대한 규제 강화에도 불길함이 예상된다. 제4장에서 다룬 정치 난민이나 이주의 초국가적 흐름에 대한 포퓰리스트의 극단적 조치가 보여주듯이, 미래에는 어쩌면 다음과 같은 '지구화 반발 시나리오'가 펼쳐질지도 모른다. 이미 일부에서 시행되고 있듯이, 수천만 이민자들의 시민적 자유를 침해하고 기본적 인권을 억압하는 형태로 신체의 이동이 광범위하게 제한될 것이다. 국가 포퓰리즘은 다수의 신규 진입자를 지속적인 원조나 체계적인 통합 조치를 받을 자격이 없는 바람직하지 않은 '타자'로 낙인찍는다. 이를 통해 사회적·문화적 영향력을 행사하며 사람들이 그 타자에 대한 정당한 공포심을 가지도록 유도한다. 이러한 '자격 없는 외국인'에 대한 공공연한 적개심은 기존의 정치적 분열과 문화적 단절을 더욱 심화시킬 것이다.

　다음으로, '대의 민주주의와 자유주의적 가치관의 약화 그리고 정치적 권위주의의 강화'와 같은 지구화 반발 시나리오를 잘 보여주는 사례로는, 브렉시트 협상의 혼란스러운 전개와 트럼프 대통령의 첫 임기를 들 수 있다. 시장지구주의자들의 약속, 특히 모든 사람에게 이익을 가져다준다는 이데올로

기는, 현실에서 불평등의 심화와 국가의 전통과 문화적 정체
성 상실로 나타났다. 이로 인해 대중은 '지구화 폭주'가 초래
한 부정적 결과에 대해 기존의 주류 정당에 소속된 지배 엘리
트들을 비난하게 된다. 그 결과, 각국 정부는 지구화가 가져
올 급격한 사회 변화의 속도와 힘으로부터 시민을 보호하지
않는 것처럼 보이기 때문에, 그 정당성을 상실하고 만다.

마지막으로, 지구화 반발 시나리오를 부추기는 사회적 요
인은 새로운 지구적 거버넌스와 초국가적 제도 네트워크를
구축하려는 동력의 약화이다. 이러한 거버넌스와 네트워크
는 우리가 당면한 전 지구적 문제를 해결하기 위해 필요한데,
그중에서도 기후변화가 가장 시급한 문제이다. 최근 보고서
들은 우리 행성에 영향을 미치는 기후변화가 실제로 일어나
고 있으며 매우 심각한 상황임을 보여준다. 이에 대해 학계,
국제기구, 비정부기구는 기후변화의 심각성과 긴급성을 강
조하고 있지만, 세계 의회나 기업 이사회에서는 그다지 긴급
하게 다루고 있지 않다. 이러한 상황은 기후변화가 통제 불능
상태에 빠질 가능성을 시사한다.

지구화가 따르게 될 미래의 **두번째 궤도**는 반지구화 포퓰
리즘이 선거에서 지속적으로 패배할 가능성에 근거하고 있
다. 이는 포퓰리즘의 물결이 정점에 도달한 후 다시 전 지구

적 관점으로 복귀하는 시나리오이다. 이러한 지구화 반등 시나리오는 '2020년 트럼프 대통령의 선거 패배'와 '2016년 결과를 뒤집는 새로운 브렉시트 국민투표의 소집'으로 시작될 수도 있다. 이러한 궤도에서는 우파 국가주의자들의 약화가 예상되며, 이에 따라 국가적 상상력도 쇠퇴할 것이다. 그 결과, 좌파 국가주의자들 또한 권력을 되찾을 가능성이 낮아 보인다. 이러한 이유로 보다 가능성이 높은 두번째 선택지를 검토해보도록 하겠다. 그것은 **첨단기술의 얼굴을 한 신자유주의적 지구화**가 주도할 가능성이다.

새롭게 권력을 얻은 시장지구주의자들은, 무제한적인 전지구적 시장 통합이 가져온 부정적인 결과로 인해, 2020년대에 포퓰리즘의 반발에 직면하게 될 것이다. 이에 따라, '단일한 전 지구적 자유시장 창조'라는 그들의 최종 목표를 보다 신중하고 온건하게 조정할 가능성이 있다. 아마도 그들은 과거의 자유주의적인 전후 국제질서를 복원하겠다고 다짐하며, 보다 '사회적 책임을 지닌' 형태의 신자유주의적 지구화를 국민에게 제안할 것이다. 이와 같은 시장지구주의 개혁 프로그램의 윤곽이 이미 세계경제포럼과 같은 전 지구적 자본주의의 중요한 이데올로기 장에서 그려지고 있다. 이 새로운 비전은 디지털 지구화의 이점을 강조하며 '지구화 4.0'으로 불린다. 세계경제포럼의 창설자이자 회장인 독일인 클라우스 슈바프(Klaus Schwab)가 대대적으로 선전하고 있다. 실제로 스위스 다보스에서 개최되었던 2019년 세계경제포럼 연차총회의 공식 주제는 '지구화 4.0 : 4차 산업혁명 시대의 전 지구적 구조 형성'이었다.

슈바프는 인류는 지금 제4차 산업혁명의 와중에 있다고 주장하며, '사회, 정치, 경제의 완전한 디지털화'로 인해 기존의 사회 구조가 물리적·디지털·생물학적 영역 간의 경계선이 모호해지게 될 것으로 예측한다. 세계경제포럼의 수장인 슈바프는 1990년대부터 2000년대에 걸쳐 형성된 자유시장 합의가 포퓰리스트들의 도전으로 회복 불가능해졌음을 인정했다. 또한, 신자유주의적 지구화의 양면성도 수용했다. 즉, 신자유주의적 지구화가 지구 남반구의 수백만 명을 빈곤에서 구해냈지만, 지구 북반구의 많은 사람들에게는 '수입의 잠식'과 '불안정한 노동 조건'을 초래했음을 인정했다. 그러나 이러한 문제를 강조하는 포퓰리스트들과 보호무역론자들이 내세운 해결책은 '더 이상 존재하지 않는 지구화되지 않은 세계로 회귀'하려는 잘못된 시도였다는 것이다. 해결책은 인공지능, 자율주행 자동차, 양자컴퓨터, 3D 프린팅, 사물인터넷 등과 같은 21세기의 새로운 첨단 기술로 지구화를 개혁하는 것이다.

그러나 새롭고 '더 건전한' 하이테크 얼굴의 신자유주의적 지구화라는 이 장밋빛 미래 시나리오에도 여전히 중대한 문

제가 남아 있다. 여기에는 제4차 산업혁명의 승자와 패자 간
의 격차 확대, 소셜미디어를 통한 디지털화된 잘못된 정보 확
산, 모든 생활 영역에서 로봇이나 알고리즘에 대한 의존성 고
조 등이 포함된다. 실제로 많은 전문가가 디지털 기술이 편리
함을 창출하기도 하지만 자동화를 통해 수백만 개의 일자리
를 사라지게 할 수도 있다고 경고하고 있다. 신자유주의적 지
구화와 로봇공학의 결합은 경제학자 리처드 볼드윈(Richard
Baldwin)이 말한 **글로보틱스 격변**(Globotics upheaval)을 일으켜
경제적 혼란을 야기하고 사회 적응 능력을 파괴할 수 있다.
하버드대 비즈니스 전문가인 쇼샤나 주보프(Shoshana Zuboff)
는 지구화 반등 시나리오의 또다른 단점을 지적한다. 그것은
구글이나 페이스북과 같은 디지털 대기업들이 새로운 자본
주의적 착취를 실천한다는 점이다. 그 기업들이 인간의 경험
을 자유로운 소재라고 주장하면서, 인간의 행동 데이터를 변
환해 이익을 창출하고자 소비자의 욕망을 부추기고 형성한
다는 것이다(상자 16).

　지구화가 따르게 될 미래의 **세번째 궤도**는 국가주의 포퓰리
즘 세력이 약화되고, 세계경제포럼 같은 개혁파 시장 지구주
의 집단과의 장기적인 교착상태가 지속될 가능성을 기반으로
하고 있다. 이는 세 가지 시나리오 중 가장 가능성이 높아 보
인다. 2018년 미국의 중간선거와 2019년 유럽의회의 선거 결

상자 16 지구화 4.0의 어두운 면 : 감시자본주의

감시자본주의(Surveillance capitalism)는 초기의 디지털 드림(digital dream)에 반(反)한다. ······ 네트워크화된 형태가 본질적으로 친사회적이고, 포괄적이며, 지식의 민주화를 향한다는 환상이 벗겨지고 있다. 디지털 연결은 이제 다른 사람의 상업적 목적을 위한 수단이 되었다. 감시 자본주의는 기생적이고 자기 참조적이다. 이는 자본주의를 노동을 착취하는 흡혈귀로 묘사한 카를 마르크스의 오래된 이미지를 떠올리게 하지만, 예기치 못한 전개가 있다. ······ 구글은 감시자본주의를 발명하고 완성했다. ······ 그리고 그것은 순식간에 페이스북, 이후에 마이크로소프트로 퍼져나갔다.

과 등 최근의 정치 정세를 보면 중도 정당과 우파 포퓰리즘이 힘의 균형을 이루고 있다. 또한, 전 지구적 정치 무대에서 주목할 만한 또다른 경향은 녹색당의 뚜렷한 상승세와 그들의 환경주의적 의제가 광범위하게 호소력을 얻고 있다는 점이다. 이는 현재 침체된 정의지구주의의 운명에 희소식이 될 것이다.

그러나 국가주의자와 지구주의자의 교착상태가 길어지면, 이 책에서 언급한 심각해지는 전 지구적 문제에 대처하기 위한 의미 있는 진전을 이루기 어려울 것이다. 그 결과, 정치적 교착상태가 새로운 전 지구적 시스템 위기의 가능성을 높일 수 있다. 구체적으로 금융계, 사이버 공간, 환경, 직장 등 다양한 분야에서 위기가 발생할 수 있으며, 이러한 문제들이 복합적으로 결합하여 더욱 심각한 위기를 초래할 수도 있다. 따라서 2008년 세계금융 위기와 같은 또다른 전 지구적 재앙이 세계에 닥칠 경우 무슨 일이 일어날지 예측하기 어렵다. 지난 두 세기의 정치사를 돌이켜보면, 우파 반동세력은 좌파보다 사람들의 공포심을 더 교묘히 이용해왔기 때문에 유리한 고지에 오를 수 있었다. 이 사실에 비추어 볼 때, 전 지구적 위기 상황을 맞이하게 되면 권위주의 또는 독재주의로 이행하게 될 가능성이 크다. 곧 우리가 알고 있는 자유민주주의 시대는 종언을 고하게 될지도 모른다. 이 우려스러운 위기 상황에 직면해, 세계는 그 어느 때보다 '우리 지구의 미래'에 대한 근본적으로 다른 비전이 필요하다. 예를 들어, 이러한 새로운 비전은 희망찬 다큐멘터리 영화 〈2040〉[37]에서 찾아볼 수 있다. 데이먼 가모(Damon Gameau) 감독은 이 영화에서 2040년까지의 우리 미래를 예술적으로 그려내고 있다. 그는 우리의 행성 지구를 개선하기 위해서는 우리가 오늘날 활용할 수 있는 최선의 해결책을 수용하고, 그것을 최대한 빠르게 보편적인 것으로 이행하는 길밖에 없다고 주장한다.

전 지구적인 문제들을 해결하기 위해서는 보다 포용적이고 지속가능한 방식이 요청된다. 이를 위해서는 회복 불가능한 과거로 회귀하려는 국가주의적인 태도에서 벗어나, 대신 세계시민주의적 정신을 바탕으로 한 새로운 접근이 요구된다. 전 세계 일반 대중의 필요를 반영하는 새로운 지구적 기구와 협력 네트워크를 창출이 바로 그것이다. '전 세계 20대 경제 대국 협의체'(G20)의 사례는 이러한 접근의 가능성을 보여준다. 이 협의체는 때때로 놀랍도록 효과적인 심의 기구로 부상하여 전 지구적 규모의 행동을 설계하고 조율할 수 있는 능력을 입증하였다. 이는 지구적 거버넌스란 개념이 출현한 지 불과 25년 만에, 그것이 실현불가능한 이상적 개념이 아니라 실행 가능한 개념임을 보여주고 있다. 또한, 절대 빈곤의 전 세계적 감소와 국제 우주 탐사 협력 등의 성공도 주목할 만하다. 이러한 사례들은 전 지구적 문제 해결을 위해 지구화를 축소하는 것이 아니라 오히려 강화하고 개선해야 한다고 말해준다.

앞으로 혹은 몇십 년 안에, 우리는 틀림없이 새로운 전 지구적 위기와 또다른 도전에 마주하게 될 것이다. 인류는 또다시 중대한 기로에 서 있다. 이는 비교적 짧은 우리 종의 역사에서 지금까지의 어느 때보다도 중요한 순간이 될 것이다. 만약 우리가 전 지구적 문제들이 악화되는 것을 방치한다면, 폭력과 편협함이 불평등한 사회 통합에 대처하는 유일한 현실적 방법이 될지도 모른다. 이를 막기 위해서는, 지구화의 미래를 보다 정의롭고 지속가능한 세계로 연결해야 한다. 이러한 사회 변혁 과정은 윤리적 지구주의(ethical globalism)의 지도 원리에 따라야 한다. 그 목표는 바로 인류 진화의 활력원인 생물학적·문화적 다양성을 훼손하지 않고 보편적 인권과 우리의 행성 지구를 지켜내는 진정으로 민주적이고 평등한 전 지구적 질서의 구축이다.

참고문헌과 더 읽을거리

지구화에 관한 학술 문헌은 수없이 많다. 그러나 그 책들의 대부분은 이 주제에 대한 기본적인 지식을 얻고자 하는 사람들에게는 쉽게 접근하기 어렵다. 그러나 이 책을 소화한 독자라면 여기에 나열한 학술 문헌들에 접근하기가 좀더 용이할 것이다. 그중에는 이 책에서 전개한 주장들에 대해 영향을 준 것들도 있다. 그러나 이 시리즈의 전체적인 구성에 따라서, 직접적인 인용은 최소화하였다. 비록 누구의 영향을 받았는지 이 책에 분명히 명시되어 있는 것은 아니지만, 그 저자들에게 진 지적인 빚에 대해 감사를 표하고 싶다.

1장 지구화란 무엇인가?

롤런드 베네딕터의 '지구적 시스템 이동' 개념에 대한 통찰력 있는 논의에 대해서는 다음을 보라. Roland Benedikter, 'Global Systemic Shift: A Multidimensional Approach to Understand the Present Phase of Globalization', *New Global Studies*, vol. 7.1 (2013), pp. 1–15.

지구화를 이해하기 위한 대표적인 이론적 접근에 관한 포괄적인 설명에 대해서는 다음을 보라. Barrie Axford, *Theories of Globalization* (Polity, 2014).

〈상자 2〉 데이터의 출처는 다음과 같다. 〈http://www.traveler.com.au/〉.

지구화를 더 잘 이해하기 위해서는 다음을 참조하라. Roland

Robertson, 'Globalisation or Glocalisation?', *The Journal of International Communication*, vol. 18.2 (2012), pp. 191-208; Victor Roudometof, *Glocalization: A Critical Introduction* (Routledge, 2016).

지구화 연구를 특집으로 다룬 뛰어난 학술 저널이 있다. *Globalizations, Global Networks, New Global Studies*, and *Global Perspectives*.

학제 간 지구학 연구 입문에 대해서는 다음을 보라. Manfred B. Steger and Amentahru Wahlrab, *What Is Global Studies? Theory & Practice* (Routledge, 2017); Eve Darian-Smith and Philip McCarthy, *The Global Turn: Theories, Research Designs, and Methods for Global Studies* (University of California Press, 2017); Mark Juergensmeyer, Saskia Sassen, and Manfred B. Steger, eds, *The Oxford Handbook of Global Studies* (Oxford University Press, 2019).

맷 스토페라가 '브러더 오렌지'를 만난 이야기는 다음에 나와 있다. 'I folowed My Stolen iPhone Across the World, Became a Celebrity in China, and Found a Friend for Life', ⟨https://www.buzzfeed.com/mjs538/i-folowed-my stolen-iphone-across-the-world-became-a-celebr?utm:source=dynamic&utm:campaign=bfshareemail⟩.

그 밖에도 이 놀라운 잃어버린 휴대전화 이야기를 다룬 짧은 글들이 있다. Minh Nguyen, 'The Story of "Brother Orange" is Headed to the Big Screen', ⟨https://www.nbcnews.com/news/asian-america/brother-orange-headed-big screen-n607446⟩; NPR Staff, 'Buzzfeed Writer's Stolen Phone Sparks Chinese Viral Sensation', ⟨https://

www.npr.org/2015/04/02/397096994/buzzfeed-writers-stolen-phone-sparks-chinese-viral-sensation〉; Taylor Lorenz, 'How a man's stolen iPhone made him an internet celebrity in China', 〈https://www.businessinsider.com.au/matt-stopera-weibo-celebrity-china-iphone-2015-2〉.

비실체화된 지구화와 관련된 최근의 동향에 관한 포괄적인 보고서는 다음과 같다. McKinsey Global Institute (2016), 'Digital Globalization: The New Era of Global Flows'; 〈https://www.mckinsey.com/business-functions/digital-mckinsey/our-insights/digital-globalization-the-new-era-of-global-flows〉.

장님과 코끼리의 비유는 기원전 2세기에 편찬된 불교 이야기 모음집인 빨리(Pali) 불교의 『우다나(Udana)』에서 유래했을 가능성이 크다. 이 비유의 다양한 버전은 다른 종교, 특히 힌두교와 이슬람교에도 퍼져나갔다. 이 이야기에 대한 깊은 이해를 공유해준 하와이-마노아대학의 람다스 램(Ramdas Lamb) 교수에게 감사드린다.

2장 역사 속의 지구화

이 장 앞부분의 논의는 퓰리처상을 수상한 재러드 다이아몬드의 저서에서 제기한 논증에서 큰 도움을 받았다. Jared Diamond, *Guns, Germs, and Steel* (Norton, 1999); 김진준 옮김, 『총, 균, 쇠』, 문학사상, 2005(2013, 2017); 강주헌 옮김, 『총, 균, 쇠』, 김영사, 2023. 그 밖에도 유쾌하고 가독성 있는 지구화의 역사도 추천한다. Nayan Chandra,

Bound Together: How Traders, Preachers, Adventurers, and Warriors Shaped Globalization (Yale University Press, 2007).

점점 성장하는 지구사 분야를 개관한 읽기 쉬운 두 권의 책을 추천한다. Pamela Kyle Crossley, *What is Global History?* (Polity, 2008); Sebastian Conrad, *What Is Global History?* (Princeton University Press, 2017). 이 주제에 관한 뛰어난 두 저널은 다음과 같다. *Journal of World History, Journal of Global History*.

'세계체제론'적 접근에 대한 짧은 소개로는 다음을 보라. Immanuel Walerstein, *World-System Analysis: An Introduction* (Duke University Press, 2004); 이광근 옮김,『월러스틴의 세계체제 분석』, 당대, 2005.

3장 지구화의 경제적 차원

경제적 지구화에 관한 독창적 접근으로는 다음이 있다. Pietra Rivoli, *The Travels of a T-Shirt in the Global Economy*, 2nd edn (Wiley, 2015). 이 주제에 관한 최고의 책은 다음과 같다. Peter Dicken, *Global Shift: Mapping the Contours of the World Economy*, 7th edn (The Guilford Press, 2015).

신자유주의에 관한 개관으로는 다음이 있다. Manfred B. Steger and Ravi K. Roy, *Neoliberalism: A Very Short Introduction*, 2nd edn (Oxford University Press, 2020).

2018년 옥스팜 연례보고서는 다음 사이트에서 구할 수 있다.

〈https://resources.oxfam.org.au〉.

지구적 불평등에 대해서는 다음을 보라. Thomas Piketty, *Capital in the Twenty First Century* (The Belknap Press, 2014); Branko Milanovic, *Global Inequality: A New Approach for the Age of Globalization* (The Belknap Press, 2018).

2018년 주빌리 부채 탕감 캠페인 보고서는 다음 사이트에서 열람할 수 있다. 〈https://jubileedebt.org.uk/press-release/developing-country-debt-payments-increase-by-60-in-three-years〉.

지구적 금융 위기에 관한 가장 간결한 소개서로는 다음이 있다. Robert J. Holton, *Global Finance* (Routledge, 2012). 지구적 금융 위기와 유럽 재정 위기에 관한 포괄적인 설명은 다음에 나와 있다. Adam Tooze, *Crashed: How a Decade of Financial Crises Changed the World* (Viking, 2018).

이 장에서 언급한 초국적기업의 네트워크에 관한 획기적인 연구의 상세한 데이터는 다음에 나와 있다. Stefania Vitali, James B. Glattfelder, and Stefano Battiston, 'The Network of Global Corporate Control', *PLoS* One 6.10 (October 2011), pp. 1-6.

경제적 지구화의 경험적 데이터에 관한 최고의 자료는 다음과 같다. UN, *Human Development Report* (Oxford University Press); World Bank, *World Development Report* (Oxford University Press); WTO, *International Trade Statistics*.

4장 지구화의 정치적 차원

정치적 지구화에 대한 최고의 입문서는 다음과 같다. John Baylis and Steve Smith, *The Globalization of World Politics*, 7th edn (Oxford University Press, 2017).

초지구화론자들의 주장에 대해서는 다음을 보라. Kenichi Ohmae, *The End of the Nation-State* (Free Press, 1995); 박길부 옮김, 『국가의 종말: 세계 경제질서의 대변혁을 예고하는 충격 메시지』, 한국언론자료간행원, 1996; Thomas Friedman, *The Lexus and the Olive Tree: Understanding Globalization* (Farrar Straus Giroux, 1999); 신동욱 옮김, 『렉서스와 올리브나무』, 창해, 2000; 장경덕 옮김, 『렉서스와 올리브나무』, 21세기북스, 2009. 지구화 회의론자의 입장에 대해서는 다음을 보라. Paul Hirst, Grahame Thompson, and Simon Bromley, *Globalization in Question*, 3rd edn (Polity, 2009).

〈상자 8〉에서 발췌한 로버트 스윈 밀러 보고서의 전문은 다음에서 구할 수 있다. Robert S. Mueler I, 'Report on the Investigation into Russian Interference in the 2016 Presidential Election', Washington, DC, March 2019, p. 1; 〈https://www.justice.gov/storage/report.pdf.〉.

영토성과 지구적 도시에 관한 사스키아 사센의 중요한 저작에는 회의주의적 주장과 지구주의적 주장이 모두 포함되어 있다. 예를 들면 다음을 보라. Saskia Sassen, *Territory, Authority, Rights: From Medieval to Global Assemblages* (Princeton University Press, 2008). 초국적 도시 연맹 위에 세워진 지구적 거버넌스라는 매력적인 비전은 다음에서 찾을 수 있다. Benjamin R. Barber, *If Mayors Ruled the World: Dysfunctional Nations, Rising Cities* (Yale University Press, 2013).

지구적 거버넌스에 관한 알기 쉬운 소개로는 다음을 보라. Thomas G. Weiss and Rorden Wilkinson, *Rethinking Global Governance* (Polity, 2019).

2013−16년 서아프리카 및 그 외 지역에서 발생한 에볼라 위기에 대한 상세한 설명은 다음을 보라. Richard Preston, *Crisis in the Red Zone: The Story of the Deadliest Ebola Outbreak in History, and of Outbreaks to Come* (Random House, 2019).

데이비드 헬드의 세계시민적 민주주의 요소에 대해서는 다음을 참고했다. Daniele Archibugi and David Held, eds, *Cosmopolitan Democracy* (Polity Press, 1995), pp. 96−120.

5장 지구화의 문화적 차원

지구화의 문화적 차원에 대한 포괄적인 연구로는 다음이 있다. Jan Nederveen Pieterse, *Globalization and Culture: Global Melange*, 4th edn (Rowman & Littlefield, 2020); 조관연·손선애 옮김, 『지구화와 문화』, 에코리브르, 2017.

비관주의적 지구주의자의 주장에 대해서는 다음을 보라. Benjamin Barber, *Consumed* (W. W. Norton and Company, 2007). 낙관주의적 지구주의자의 주장에 대해서는 다음을 보라. Thomas L. Friedman,

The World Is Flat 3.0: A Brief History of the Twenty-First Century (Picador, 2007). 회의주의자의 주장에 대해서는 다음을 보라. Arjun Appadurai, *Modernity at Large* (University of Minnesota Press, 1996).

지구적 미디어의 중추적 역할에 대해서는 다음을 보라. Jack Lule, *Globalization and the Media: Global Village of Babel*, 3rd edn (Rowman & Littlefield, 2018).

지구적 언어로서 영어에 대해서는 다음을 보라. Robert McCrum, *Globish: How the English Language Became the World's Language* (W. W. Norton, 2010)

6장 지구화의 생태적 차원

생태적 지구화에 관한 알기 쉬우면서도 놀랍도록 포괄적인 책은 다음과 같다. Peter Christoff and Robyn Eckersley, *Globalization and the Environment* (Rowman & Littlefield, 2013).

'인류세' 개념에 관한 압축적인 해설로는 다음이 있다. Erle C. Elis, *Anthropocene: A Very Short Introduction* (Oxford University Press, 2018); 김용진·박범순 옮김, 『인류세』, 교유서가, 2021.

기후변화 이슈에 관한 포괄적이면서도 알기 쉬운 개관이면서 기후변화 부정론자들의 신화를 효과적으로 폭로한 책은 다음과 같다. Robert Henson, *A Thinking Person's Guide to Climate Change*, 2nd edn (American Meteorological Society, 2019).

기후변화에 관한 정부간 협의체(IPCC, 2018)의 지구온난화 '섭씨 1.5도 보고서'는 다음 사이트에서 구할 수 있다. 〈http://www.ipcc.ch/report/sr15/〉.

UN 환경 프로그램의 지구환경 개관(2019)은 다음 사이트에 있다. 〈https://www.unenvironment.org/resources/global environment-outlook-6〉.

〈상자 9〉에 나오는 교황 프란치스코 1세의 기후 호소는 다음에서 발췌했다. *Laudato Si* ('Praise Be to You'), Encyclical Letter issued by Pope Francis I on 24 May 2015(원서에는 이 내용이 제5장 참고문헌에 들어 있는데, 내용상 제6장에 해당되어 이곳으로 옮겼다―옮긴이).

교황 프란치스코 1세의『찬미받으소서』전문은 다음에서 열람할 수 있다. 〈http://www.w2.vatican.va/content/francesco/en/encyclicals/documents/papa-francesco_20150524_enciclica-laudato-si.html〉; 『찬미받으소서』, 한국천주교회의, 2021.

7장 지구화에 관한 이데올로기적 대립

지구화의 이데올로기적 차원에 대한 상세한 설명은 다음 두 권의 책을 참고하라. Manfred B. Steger, *The Rise of the Global Imaginary: Political Ideologies from the French Revolution to the Global War on Terror* (Oxford University Press, 2009); Manfred B. Steger, *Globalisms: Facing the Populist Challenge* (Rowman & Littlefield, 2020).

시장지구주의자 관점에서의 지구화에 대한 가독성 있는 논의에 대해서는 다음을 보라. Jagdish Bhagwati, *In Defense of Globalization* (Oxford University Press, 2007).

정의지구주의자의 주장과 지구적 정의운동 전반에 대한 정보는 다음에 나와 있다. Manfred B. Steger, James Goodman, and Erin K. Wilson, *Justice Globalism: Ideology, Crises, Policy* (Sage, 2013).

지하드 지구주의와 그것의 연계 운동에 관한 학문적 접근으로는 다음 두 권의 탁월한 연구서가 있다. Olivier Roy, *Globalized Islam: The Search for the New Ummah* (Columbia University Press, 2006); Roel Meijer, *Global Salafism: Islam's New Religious Movement* (Oxford University Press, 2014).

도널드 트럼프의 공적인 발언에 대한 나의 인용은 다음의 두 곳에서 가져왔다. (a) American Presidency Project 웹사이트 〈http://presidency. ucsb.edu/2016_election.php〉. 이 웹사이트는 대통령 연설 연구를 위한 권위 있는 아카이브이다. an authoritative archive for the study of presidential speeches; (b) Factbase 웹사이트 〈http://factba.se〉, a useful online source for the study of Trump's speeches, tweets, and video materials. 이 웹사이트는 트럼프의 연설, 트윗, 비디오 자료 연구를 위한 유용한 온라인 출처이다.

이와 유사하게 미셸 라몽과 그녀의 공동 저자들은 도널드 트럼프가 2016년 선거 기간 동안 행한 73건의 공식적인 연설을 컴퓨터를 활용해 질적으로 분석한 결과, 도널드 트럼프 언설의 핵심적 특징 중

하나로 '지구화'에 대한 경멸적 언급을 꼽았다. 이에 대해서는 다음을 보라. Michele Lamont, Bo Yun Park, and Elena Ayala-Hurtado, 'Trump's Electoral Speeches and his Appeal to the American White Working Class', *The British Journal of Sociology*, vol. 68.S1 (2017), pp. 153-80.

포퓰리즘에 대한 간결한 입문서로는 다음을 들 수 있다. Cas Mudde and Cristobal Rovira Kaltwasser, *Populism: A Very Short Introduction* (Oxford University Press, 2017). 최근의 포퓰리스트 급증에 관한 포괄적이고 박식한 분석에 대해서는 다음을 보라. Pippa Norris and Ronald Inglehart, *Cultural Backlash: Trump, Brexit, and Authoritarian Populism* (Cambridge University Press, 2019).

다음 사이트에서는 이 주제에 관한 폭넓은 학술 논문을 꾸준히 제공하고 있다. journal Populism (Bril): 〈https://bril.com/view/journals/popu/popuoverview.xml〉.

포퓰리스트 권위주의가 초래한 민주주의와 자유주의 가치의 위험성에 대한 정보에 입각한 평가에 대해서는 다음을 참고하라. Larry Diamond, *Ill Winds: Saving Democracy from Russian Rage, Chinese Ambition, and American Complacency* (Penguin Press, 2019).

8장 지구화의 미래

디지털 지구화와 자동화의 미래에 관한 매력적인 고찰은 다음을 보라. Richard Baldwin, *The Globotics Upheaval: Globalization,*

Robotics, and the Future of Work (Oxford University Press, 2019).

'감시자본주의'라는 매력적인 주제에 대해서는 다음을 보라. Shoshana Zuboff, *The Age of Surveillance Capitalism: The Fight for a Human Future at the New Frontier of Power* (Public Affairs, 2019); Timothy Ström, *Globalization and Surveillance* (Rowman & Littlefield, 2020).

클라우스 슈바프의 '지구화 4.0' 개념과 더불어 개혁적인 시장지 구주의자의 관점은 다음 책에 압축적으로 잘 설명되어 있다. Dani Rodrik, 'Globalization's Wrong Turn and How It Hurt America', *Foreign Affairs*, vol. 98.4 (2019), pp. 26-33.

〈상자 16〉에 나오는 발췌문은 다음에서 가져왔다. Shoshana Zuboff, *The Age of Surveillance Capitalism: The Fight for a Human Future at the New Frontier of Power* (Public Affairs, 2019), p. 9.

지구화에 대한 현재의 반발과 지구화가 초래할 수 있는 미래의 결 과에 대한 포괄적인 평가에 대해서는 다음을 참고하라. Manfred B. Steger and Paul James, *Globalization Matters: Engaging the Global in Unsettled Times* (Cambridge University Press, 2019).

주

서문

1   기업 활동에서 부가가치가 생성되는 과정.

2   생산비와 인건비 절감 등을 이유로 해외로 생산시설을 옮긴 기업이 다시 자국으로 돌아오는 현상.

3   기업이 비용 절감, 서비스 수준 향상 등의 이유로 기업에서 제공하는 일부 서비스를 외부에 위탁하는 현상.

4   아웃소싱의 한 형태로 기업이 비용 절감이나 생산성 향상을 목적으로 해외로 생산·용역·일자리를 내보내는 현상.

본문

1   국가 포퓰리즘(National Populism)은 국가의 이익과 정체성을 강조하며 '일반 대중'의 의지를 대변한다고 주장하는 정치적 접근이다. 이는 반이민 정서, 경제적 보호주의, 민족주의적 레토릭, 그리고 기성 정치 엘리트에 대한 불신을 특징으로 한다. 국가 포퓰리즘은 '순수한' 국민의 이익을 우선시하며, 지구주의(Globalism)에 반대하고 전통적 가치와 문화의 보존을 주장한다. 2010년대 이후 전 세계적으로 부상한 이 현상은 브렉시트(Brexit)나 트럼프 현상 등과 연관되어 있다.

2   네덜란드계 미국인 사회학자로『축출 자본주의』,『경제의 세계화와 도시의 위기』등의 저서가 국내에 번역되어 있다.

3   인터넷상의 개인 홈페이지인 '블로그(blog)'와 장소나 공간을 의미하는 '스피어 sphere'의 합성어로 모든 블로그의 총체를 말한다.

4   아마존이 2014년에 개발한 AI 플랫폼으로, 에코(Echo) 스피커 등에 탑재되어 AI 음성 비서 역할을 하고 있다.

5   미국을 거점으로 한 디지털 콘텐츠 회사로 온라인 뉴스나 엔터테인먼트, 라이프스타일, 트렌드 등의 다양한 주제로 큰 인기를 얻고 있다.

6   '지구적 인격(Global Personhood)'이란 개인이 특정 국가나 지역에 속하는 것 이상의 정체성을 가지고, 전 세계를 하나의 공동체로 인식하며 그 일원으로서 책임과 역할을 자각하는 상태를 말한다.

7   면화에서 씨를 분리하거나 솜을 트는 기계.

8   제1차세계대전과 제2차세계대전 사이의 20여 년 동안을 말한다.

9   도널드 브레넌(Donald Brennan)이 만든 용어로 종말에 가까운 파괴력을 가진 무
     기를 가진 두 세력 사이에서 일어날 수 있는 시나리오를 가리킨다. 예를 들면, 핵
     무기를 보유한 두 국가가 대립하고 있을 때 어느 한쪽이 상대방에게 선제 핵 공격
     을 가하면 상대방도 보복 핵 공격을 행하게 되므로 핵무기의 선제적 사용은 쌍방
     모두 파괴되는 상호 파괴를 확증하는 상황이 된다. 따라서 이론적으로 상호확증
     파괴가 성립된 2개국 간에는 핵전쟁이 발생하지 않게 된다는 것이다. 실제로 냉
     전기에 미국과 구소련 사이에 상호확증파괴가 성립되었다.

10   스위스 취리히연방공과대학 산하 싱크탱크 KOF가 발표하는 지구화 지수를 말한
     다. 각국의 정치·경제·사회 세 부문에서 23개 변수를 기준으로 세계화 수준을
     평가해 발표하고 있다. 정치적 세계화는 재외 공관, 국제기구 가입 규모, 유엔안
     전보장이사회 활동 참여 수준 등을, 경제적 세계화는 국내총생산과 비교한 무역
     과 해외직접투자, 자산투자 등의 비율을, 사회적 세계화는 국제전화 규모와 요
     금, 해외 관광, 외국인 인구, 인터넷 이용자, 신문, 라디오, 케이블 TV 등이 평가
     기준이다.

11   통화주의자(monetarist)는 경제 활동에 대한 영향력 행사를 목표로 정책 당국이
     사용할 수 있는 정책수단 중 통화 정책이 가장 중요하다고 주장하는 학자들을 말
     한다. 대표적인 인물로 밀턴 프리드먼(Milton Friedman)이 있다. 그는 경기 침체
     가 유효 수요 부족이 아닌 통화량 부족이 원인이라고 주장했는데, 그 덕분에 통화
     주의자라는 명칭을 얻게 되었다. 그는 확장적 통화 정책으로 낮은 실업률을 유지
     하려고 한다면 최종적으로 하이퍼(hyper)인플레이션을 겪을 수 있다고 주장했다.

12   기존의 정부중심적 모델에서 벗어나 정부, 기업, 비정부기구 등 다양한 이해관계
     자들 간의 협력과 조정을 강조하며, 복잡하고 상호연결된 문제에 대응하기 위한
     유연하고 혁신적인 방식을 지향하는 것을 특징으로 하는 국정 운영 방식이다. 거
     버넌스는 효과적인 의사결정, 투명성, 참여, 책임감, 윤리 등을 강조하며 다양한
     이해관계자들 간의 상호작용을 중요시한다. 이런 점에서 거버넌스는 국가의 법
     적·행정적 기능에 중점을 두는 운영 방식인 거버먼트(government)와 구분된다.

13   이라크·시리아 이슬람국가(ISIS)는 2014년 이라크와 시리아 지역에서 칼리프
     국가 수립을 목표로 결성된 이슬람 극단주의 무장 단체이다. 이 조직은 잔혹한 테
     러 공격, 인권 침해, 대규모 학살 등을 저질러 국제사회의 강력한 비난을 받았다.

14   알샤바브(Al Shabaab)는 소말리아에 기반을 둔 이슬람 무장단체로, 아랍어로
     "청년"을 의미한다. 이 단체는 알카에다(Al-Qaeda)와 연계된 국제적인 지하디
     스트 네트워크의 일원이다.

15   이슬람 극단주의 테러리스트들이 자신들을 부르는 명칭으로 지하드(jihad)를 수
     행하는 사람, 즉 알라의 뜻에 따라 성전(聖戰)에 참여하는 사람을 의미한다. 하

지만 지하드는 '옳은 일을 하기 위한 투쟁', 즉 '신앙을 방해하는 욕망의 절제'라
는 의미가 더 강하다. 이슬람 극단주의 테러리스트들은 지하드를 편협하게 해석
해 자신들의 만행을 정당화하고 있다.

16 '다양하게 상호 연관된 권력 중심의 네트워크'란 복잡하고 다층적인 지구적 거버넌
스의 특징을 나타내는 표현이다. 지구적 거버넌스(global governance)는 국가, 국
제기구, 지방정부, 시민단체 등 다양한 주체가 참여하는 체제이다. 이들 주체는 독
립성을 유지하면서도 정보 공유와 협력을 통해 긴밀히 연결되어 있다. 각 주체는
자신의 영역에서 영향력을 행사하며, 이로 인해 권력이 한곳에 집중되지 않고 여러
곳에 분산된다. 의사결정은 전 지구적, 지역, 국가, 지방 등 다양한 층위에서 동시
에 이루어지며, 이들 결정은 상호 영향을 미친다. 이러한 복잡하고 다층적인 구조
는 '다양하게 상호연관된 권력 중심의 네트워크'로 표현된다. 이는 전통적인 국가
중심 체제보다 더 유연하고 포괄적인 지구적 정치 시스템을 나타낸다.

17 세계 대도시협회(World Association of Major Metropolises)는 1985년에 설립
된 국제 조직으로, 100만 명 이상의 인구를 가진 도시와 대도시권을 대표한다. 이
협회는 세계 120여 개 회원 도시와 함께 대도시가 공통으로 겪는 문제와 우려를
탐구하기 위한 국제 포럼 역할을 수행한다.

18 1845년에 존 오설리번(John O'Sullivan)이 처음 창안한 것으로, 미국인들이 모든
족속을 복음화하고 문명화하는 신성한 과업을 부여받았다는 입장을 나타낸다. 이
개념은 미국의 영토 확장과 미국 교회의 선교운동 확대에 커다란 영향을 미쳤다.

19 '당신의 웃음을 보는 것이 좋아요(Love to see you smile)'는 맥도날드의 광고
캠페인 슬로건 중 하나이다. 이 슬로건은 2000년대 초반에 사용되었으며, 맥도날
드가 고객에게 행복하고 즐거운 경험을 제공한다는 것을 강조하고 있다.

20 유럽연합(EU)은 1950년 5월 9일 창설되었으며, 현재 2020년 영국의 탈퇴로 27개
회원국으로 구성되어 있다. 초기에는 1957년에 벨기에, 독일, 프랑스, 이탈리아,
룩셈부르크, 네덜란드가 유럽 경제 공동체를 설립하였다. 이후 여러 차례의 확대
를 거쳐 현재의 유럽연합이 형성되었다.

21 미국에서 활동하는 사회학자로 『지구화와 문화(Globalization and Culture)』
(2004)의 저자다.

22 울리히 벡은 이 장소-중혼자(place-bigamists)라는 용어를 통해, 현대인들이
단일한 장소나 문화에 귀속되지 않고, 여러 장소와 문화에 동시에 애착과 소속
감을 느끼는 현상을 설명했다. 이 용어는 고정된 '고향' 개념을 넘어 여러 장소
를 정서적 '집'으로 인식하는 현상을 나타낸다. 벡은 지구화로 인해 사람들이 여
러 국가를 오가며 살아가는 현상이 증가함에 따라, 정체성의 변화를 수반하여 장
소-중혼자가 나타나게 되었다고 판단한다. 특히, 장소-중혼자 개념은 여러 문화
적 요소를 자신의 정체성에 통합하는 개인들의 능력을 강조하고 있으며, '위험사
회' 이론과 연결하여 전 지구적 위험에 대한 인식과 대응 능력을 갖춘 새로운 유
형의 개인을 나타내기도 한다.

23 발리우드(Bollywood)라는 용어는 '뭄바이(Mumbai)'의 구 명칭인 '봄베이(Bombay)'와 '할리우드(Hollywood)'의 합성어이다. 이는 인도 영화 산업 전체를 상징하는 대표적인 이름이다. 발리우드 영화는 주로 힌디어로 제작되며, 춤과 노래가 중요한 요소로 포함되고, 인도 문화와 전통을 영화에 담아내어 전 세계에 알리고 있다.

24 하와이 피진어(pidgin)는 19세기 후반부터 20세기 초반 사이에 하와이의 농장에서 일하던 다양한 민족의 이민자들이 의사소통을 위해 사용한 언어에서 유래되었다. 이민자들은 주로 중국, 일본, 필리핀, 포르투갈, 한국 등지에서 왔으며, 이들의 언어가 혼합되어 하와이 피진어가 형성되었다.

25 '식량 접근성의 제한'은 사람들이 충분한 식량을 얻기 어려워지는 상황을 의미한다. 이는 기후 변화로 인한 가뭄, 경제적 불균형으로 인한 빈곤, 정치적 불안정으로 인한 분쟁 등 다양한 요인이 복합적으로 작용하는 결과이다.

26 공식 명칭은 '유럽부흥프로그램(European Recovery Program)'으로 제2차세계대전 이후 미국이 황폐화된 유럽동맹국을 위해 계획한 재건·원조 계획을 말한다.

27 미국의 경제학자 제임스 토빈(James Tobin)이 주창한 세금으로 투기자본을 규제하기 위해 국가를 넘나드는 단기성 국제투기자본에 부과하는 세금이다.

28 기업 의제(Corporate agenda)는 시장 세계주의자들이 추구하는 기업 중심의 경제 정책과 목표를 의미한다. 이러한 의제는 자유시장 경제를 강조하며, 규제 완화, 무역 자유화, 세금 감면, 노동 시장의 유연성 증대 등을 포함한다.

29 알카에다(Al Qaeda)는 1988년 오사마 빈 라덴(Osama bin Laden)에 의해 설립된 이슬람 극단주의 테러 조직이다. 이 조직은 이슬람교의 극단적 해석을 바탕으로 전 세계에서 지하드를 수행하며, 주로 서방 국가와 그 동맹국을 대상으로 한 테러 활동을 벌여왔다.

30 제마 이슬라미야(Jemaah Islamiya)는 동남아시아에 기반을 둔 이슬람 극단주의 무장 단체이다. 이 조직은 인도네시아, 말레이시아, 필리핀 등지에서 활동하며, 동남아시아의 이슬람 국가 수립을 목표로 한다.

31 보코하람(Boko Haram)은 나이지리아 북동부를 중심으로 활동하는 이슬람 극단주의 무장 단체이다. 정식 명칭은 '서방 교육은 죄악이다'라는 의미의 '자마아투 아흘리스 수나 리다와티 왈지하드(Jama'atu Ahlis Sunna Lidda'awati wal-Jihad)'이다.

32 아부 사야프(Abu Sayyaf)는 필리핀 남부 지역에 기반을 둔 이슬람 무장단체로, 주로 납치, 테러, 폭탄 공격 등의 활동을 통해 자금을 조달한다. 이 단체는 1991년에 설립되었으며, 알카에다(Al Qaeda)와 연계된 국제 지하디스트 네트워크의 일원이다.

33 미국, 특히 남부 지역에서 활동하는 그리스도교 테러 조직이다. 이 조직은 여러 근본주의적인 그리스도교 교리를 공유하고 있으며, 특히 낙태 및 중절 수술에 반대해 테러를 자행하고 있다.

34 미국의 반유대주의적 그리스도교운동으로 앵글로색슨족, 북유럽 국가 또는 아리안족과 같은 켈트족과 게르만족만이 아브라함의 후손이라는 믿음을 옹호한다. 그리스도교 정체성의 신자들은 예수 그리스도가 부활한 천년왕국에서 유색 인종과 비유럽 백인은 모두 절멸되거나 백인의 노예가 될 것이라는 믿음을 가지고 있다. 이처럼 그리스도교 정체성은 백인우월주의와 밀접한 관련을 맺고 있다.

35 채바드(Chabad)는 18세기 후반 리투아니아에서 창시된 정통 유대교의 신비주의인 하시디즘(Hasidism) 운동의 한 분파이다. 채바드는 정통 유대교 교리를 전파하며, 유대인 공동체의 종교적, 교육적, 사회적 요구를 충족시키기 위해 다양한 활동을 전개한다. 전 세계에 수천 개의 채바드 센터를 운영하며, 유대인 공동체를 지원하고 교육 프로그램, 기도 모임, 종교의식 등을 제공한다.

36 이 세계를 선과 악, 빛과 어둠 등 대립되는 둘로 갈라놓고 한쪽은 전적으로 옳고 다른 쪽은 전적으로 그르다고 보는 행태를 비판할 때 쓰는 수사학적 표현이다.

37 이 영화는 기후변화 문제가 해결된 2040년의 미래를 그리고 있다. 이 영화는 데이먼 가모 감독이 네 살배기 딸 벨벳이 성인이 될 2040년을 상상하며 영상 편지를 보내는 형식으로 제작된 다큐멘터리다. 감독은 지구 곳곳을 돌아다니면서 기후완화에 도움이 되는 해결책을 조사한다. 첫번째로 방글라데시의 옥상 태양광 발전, 두번째로 농업의 역할과 재생 농법, 세번째로 해양생물을 지키면서도 탄소 배출을 감소시키는 방안, 마지막으로 여성들의 지속적인 교육을 통한 사회적 효과다.

역자 후기

　1990년대에 '글로벌라이제이션(globalization)'이라는 개념
이 한국 사회에 본격적으로 소개되었다. 김영삼 정부의 '모든
부분의 세계화' 슬로건이 이러한 도입의 중심에 있었다. 이는
21세기의 변화에 대응하기 위해 사회 전반의 구조 개편이 필
요하다는 인식에서 비롯되었다. 그 결과 신자유주의적 이념
을 근간으로 한 여러 사회 개혁 정책들이 추진되었다. 이처럼
글로벌라이제이션(globalization)의 번역어인 '세계화'는 대부
분 경제 영역에 국한되어 사용되었고, 그로 인해 글로벌라이
제이션은 단순히 신자유주의적 경제 질서가 전 세계로 확산
되는 현상이라는 협소한 의미로 해석되었다.

　이 책의 저자 맨프레드 B. 스테거 교수는 '글로벌라이제이

션'을 "전 지구적인 상호연결성의 강화"로 정의한다. 이 정의는 세 가지 핵심 요소를 포함한다. 먼저, '전 지구적'이란 글로벌라이제이션이 지리적 경계를 넘어 모든 대륙과 국가를 아우르며, 경제뿐 아니라 사회, 문화, 정치, 환경 등 다양한 영역에서 중요성을 지님을 의미한다. 스테거 교수는 글로벌라이제이션을 한두 가지 영역으로 단순화하려는 경향을 경계한다. 다음으로, '상호연결성'은 글로벌라이제이션이 단순한 경제적 경쟁만이 아닌 공동 발전과 상호 이익을 추구하는 과정도 포함하고 있음을 나타낸다. 셋째, '강화'는 글로벌라이제이션의 지속적 발전과 진화를 의미한다. 이는 끊임없는 변화와 혁신을 촉진하는 과정을 함축한다. 이러한 맥락에서 '글로벌라이제이션'을 '세계화'로 번역하는 것은 그 본질적 의미를 충분히 반영하지 못한다. '세계화'라는 용어로는 글로벌라이제이션의 다차원적 특성과 역동성을 온전히 담아내기 어렵기 때문이다.

　우리는 심도 있는 논의 끝에 '글로벌라이제이션'을 '지구화'로 번역하였다. 먼저, '지구화'는 지리적 경계를 초월한 전 세계적 포괄성을 더 명확히 전달한다. 다음으로, '세계'가 인간 사회나 문명 중심의 개념인 반면, '지구'는 생태계를 포함한 더 넓은 의미를 지니기 때문이다. 또한, '세계화'가 서구 중심적 관점을 내포할 수 있는 반면, '지구화'는 더 중립적이며 다양한 문화, 사회, 역사를 포괄하는 개념으로 인식되기 때문이다. 마지막으로, '지구'는 '지구촌', '지구 환경', '지구 공동체' 등 다양한 맥락에서 이미 사용되고 있는 용어다. '지구화'라는 번역어는 글로벌라이제이션 관련 논의에서도 일관성을 유지할 수 있는 장점을 지닌다.

이 '지구화'라는 번역어는 '세계사'(world history)와 '지구사'(global history)를 구분하는 학계의 경향과도 일맥상통한다. 현재 학계에서는 서구중심주의, 근대중심주의, 인간중심주의를 극복하기 위해 '세계사' 대신 '지구사'를 채택하고 있다. 울리히 벡(Ulrich Beck)은 20세기 서구에서 탄생한 학문들이 '국가' 중심이었다고 지적한다. 그에 따르면 '세계사'는 개별 국가의 역사, 즉 '일국사(一國史)'들의 집합체에 불과하다. 특히 세계사의 중심은 근대화가 시작된 '유럽'이었다. 따라서 기존의 세계사는 유럽에서 시작된 근대화의 전 지구적 확산 과정을 설명하는 방식에 그쳤다. 스테거 교수도 이 책에서 "유럽 중심적 세계사관을 지지하지 않는다"고 명시하고 있다. 이는 '지구화'라는 번역어 선택의 타당성을 뒷받침한다.

우리가 이 책을 접한 시기는 코로나19 팬데믹이 전 지구를 휩쓸고 있을 때였다. 이는 현대의 문제들이 지역이나 국가의 경계를 넘어 전 지구적 차원으로 전개된다는 사실을 실감하게 해주었다. 더불어 오늘날의 문제는 개별 국가 차원에서는 해결할 수 없으며, 전 지구적 차원의 연대와 협력이 필요하다는 것도 확인할 수 있었다. 전 지구적 노력을 통해 코로나19 팬데믹을 극복해 나가는 과정이 이를 잘 보여준다. 하지만 코로나19 팬데믹은 인류가 맞이할 더 큰 위기의 예고편일 수 있다. 현재 우리는 기후위기 시대, 즉 인류의 활동이 지구 환경에 중대한 영향을 미치는 '인류세'(Anthropocene)에 살고 있다. 이런 맥락에서 코로나19 팬데믹은 예측 불가능한 이례적 사건인 '블랙스완'(Black Swan)이 아니라, 앞으로 자주 접하게 될 '뉴노멀'(new normal)이 될 수 있다. 더 나아가 이는 앞으로 맞이하게 될 더 커다란 기후위기의 리허설(rehearsal)일 수 있다. 이러한 상황에서 지구화에 대한 이해는 매우 중요하다. 지구화 현상을 제대로 이해함으로써, 우리는 앞으로 다가올 전 지구적 문제들에 더 잘 대비하고 대응할 수 있을 것이다.

앤서니 기든스(Anthony Giddens), 롤랜드 로버트슨(Roland Robertson), 사스키아 사센(Saskia Sassen) 등 세계적 석학들이 이 책을 '지구화의 필독서'로 극찬한 이유는 분명하다. 스테거 교수의 『지구화』는 심도 있는 분석과 높은 접근성을 동시에 제공하는 탁월한 입문서이다.

이 책은 입문서임에도 불구하고 지구화 현상을 다차원적

으로 분석한다. 정치, 경제, 역사, 문화, 생태 등 다양한 측면에서 지구화를 깊이 있게 탐구한다. 동시에 이 책은 일반 독자도 쉽게 이해할 수 있도록 명쾌하게 설명한다. 복잡한 개념을 흥미로운 사례와 함께 제시하여, 독자들의 이해를 돕는다. 예를 들어, 도난당한 휴대전화의 여정을 통해 지구화의 다양한 측면을 생생하게 보여준다. 더불어 이 책은 단순한 현상 설명에 그치지 않는다. 지구화의 미래를 보다 정의롭고 지속가능한 방향으로 이끌기 위한 윤리적 전망을 제시한다. 이는 독자들에게 지구화에 대한 비판적 사고와 함께 희망적 비전을 제공한다.

이 책이 20개 이상의 언어로 번역되어 전 세계적으로 '지구화 입문서'의 표준으로 인정받는 것은 이러한 장점들 때문이다. 스테거 교수의 안내를 따라가다보면, 독자들은 우리가 살아가는 세계를 새로운 시각으로 이해하게 될 것이다. 더 나아가 지구화 시대를 살아가는 세계 시민으로서의 안목을 기를 수 있을 것이다.

어려운 출판 환경 속에서도 양질의 책을 꾸준히 선보이는 교유서가의 노력에 깊은 존경을 표한다. 2년이 넘는 긴 번역 기간 동안 인내심을 갖고 기다려준 출판사의 포용력에 다시 한번 감사드린다. 이 책이 '교유서가 첫단추 시리즈'의 취지에 걸맞은 작품이 되어, 한국 독자들에게 지구화에 대한 새로운 시각을 제공하길 바란다. 아울러 이 책이 우리 사회에 지구화에 대한 건설적인 논의를 촉발하는 계기가 되기를 희망한다.

옮긴이를 대표하여

독일 보훔에서 이우진 씀

2024년 겨울

도판 목록

1. 베이징 천안문 광장을 방문한 버즈피드의 작가 '도우비' 맷 스토페라와 '브라더 오렌지' 리홍준 034
   ⓒ Qingqing Chen/BuzzFeed.

2. 지구화 연구자들과 코끼리 043
   ⓒ Manfred Steger.

3. 아시리아의 설형문자 점토판(기원전 1900년~기원전 1800년) 057
   Granger Historical Picture Archive/Alamy Stock Photo.

4. 중국의 만리장성 060
   ⓒ Daniel Prudek/123RF.

5. 맨해튼섬의 거래(1626년) 066
   North Wind Picture Archives / Alamy Stock Photo.

6. 브레튼우즈 회의(1944년) 078
   Everett Collection Historical/Alamy Stock Photo.

7. 뉴욕 증권거래소 087
   xPACIFICA/Alamy Stock Photo.

8. UN 안전보장이사회 회의 115
   506 collection/Alamy Stock Photo.

9. 텍사스 엘파소의 임시 미국 구금소 뒤에 있는 중앙 아메리카 이민자들과 어린이들(2019년 3월 29일) 127
   Photo by Sergio Flores for The Washington Post via Getty Images.

10. 에볼라 바이러스 희생자를 묻는 콩고민주공화국의 의료진들(2019년 6월) 135
    JOHN WESSELS/AFP/Getty Images.

11. 지하드 vs 맥도날드 월드: 인도네시아에서 팔리는 패스트푸드 147
    Firdia Lisnawati/AP/Shutterstock.

12. 교황 프란치스코 1세가 UN총회에서 기후변화에 대해 연설하는 모습 (2015년 9월 25일) 167
Justin Lane/EPA/Shutterstock.

13. 온실효과 169
ⓒ Union of Concerned Scientists, USA.

14. UN 총회에서 연설하는 도널드 트럼프 미국 대통령(2018년 9월 25일) 183
John Moore/Getty Images.

15. 시애틀 도심에서 세계무역기구(WTO)에 반대하는 시위대와 대치하는 경찰 (1999년 11월 30일) 190
ⓒ Nick Cobbing.

16. 화염에 휩싸인 세계무역센터의 쌍둥이 빌딩 (2001년 9월 11일) 195
Photo by Fabina Sbina/ Hugh Zareasky/Getty Images.

17. G-20 정상회의에서 시진핑 중국 국가주석과 도널드 트럼프 미국 대통령 (2019년 6월 29일) 211
Sheng Jiapeng/China News Service/Visual China Group via Getty Images.

지도 목록

1. 초기 인류의 이주 055

2. 세계의 주요 무역 네트워크(1000년~1450년) 062

3. 전 지구적 금융 위기의 결과로 경기 침체에 빠진 국가들(2007~2009년)
   094

4. 누텔라(Nutella)Ⓡ 기업의 전 지구적 가치사슬 102
   재인쇄 허가를 받아 사용: De Backer, K. and S. Miroudot
   (2013), 'Mapping Global Value Chains', OECD Trade Policy
   Papers, No. 159, OECD Publishing, Paris, 〈https://doi.
   org/10.1787/5k3v1trgnbr4-en〉

5. 시리아 난민 위기 123
   UNOCHA.org의 정보 기반

6. 2019년의 유럽연합 132
   Ssolbergj / Wikimedia (CC BY-SA 3.0)

도표 목록

A. **2019년 인터넷에서 1분 동안 일어나는 일들** 028
Twitter 사용자 @IoriLewis와 @OfficiallyChadd

B. **2018년, 개인 순자산에 따른 전 지구적 자산의 배분 현황(단위 백만 달러)**
084

C. **2017년 국제 이주자 수** 121
United Nations, Department of Economic and Social Affairs,
Population Division (2017), Trends in International Migrant
Stock: The 2017 revision.

D. **지구화 시대의 국민국가** 131
재인쇄 허가를 받아 사용: Scholte, J. (2001). The globalization
of world politics. In: J. Baylis and S. Smith, ed., The
Globalization of World Politics, 2nd ed. Oxford: Oxford
University Press.

E. **초기 지구적 거버넌스: 상호 연관된 권력 중심의 네트워크** 137
재인쇄 허가를 받아 사용: Willets, P. (2011). Transnational actors
and international organizations in global politics. In: J. Baylis
and S. Smith, ed., The Globalization of World Politics, 5th ed.
Oxford: Oxford University Press.

F. **지구 환경 악화의 주요 징후와 결과** 161

G. **세계 지역별 인터넷 사용자 수(2019년)** 185
ⓒ 2019, Miniwatts Marketing Group.

H. **포퓰리스트가 집권한 국가 수 (1990~2018)** 201
재인쇄 허가를 받아 사용: Kyle, J. and Gultchin, L. (2018).
Populists in Power Around the World. Tony Blair Institute for
Global Change.

지구화

GLOBALIZATION

초판 1쇄 인쇄 2024년 12월 3일
초판 1쇄 발행 2024년 12월 13일

지은이 맨프레드 B. 스테거
옮긴이 이우진·조성환·허남진

편집 박민영 박민애 이희연 이고호
디자인 박현민 이현정
저작권 박지영 형소진 최은진 오서영
마케팅 김선진 김다정
브랜딩 함유지 함근아 박민재 김희숙 이송이
        박다솔 조다현 배진성 이서진 김하연
제작 강신은 김동욱 이순호
제작처 한영문화사(인쇄) 한영제책사(제본)

펴낸곳 (주)교유당   **펴낸이** 신정민
출판등록 2019년 5월 24일
        제406-2019-000052호
주소 10881 경기도 파주시 회동길 210
전자우편 gyoyudang@munhak.com
문의전화 031) 955-8891(마케팅)
        031) 955-2680(편집)
        031) 955-8855(팩스)

페이스북 @gyoyubooks
트위터 @gyoyu_books **인스타그램** @gyoyu_books

ISBN 979-11-93710-90-6 03300